그리스 로마
신화에 빠진
심리학자

그리스 로마 신화에 빠진 심리학자

초판 1쇄 인쇄 2023년 5월 18일
초판 1쇄 발행 2023년 5월 25일

지은이 조태진

펴낸이 박세현
펴낸곳 팬덤북스

기획 편집 김상희 곽병완
디자인 김민주
마케팅 전창열
SNS 홍보 신현아

주소 (우)14557 경기도 부천시 조마루로 385번길 92 부천테크노밸리유1센터 1110호

전화 070-8821-4312 | **팩스** 02-6008-4318
이메일 fandombooks@naver.com
블로그 http://blog.naver.com/fandombooks

출판등록 2009년 7월 9일(제386-251002009000081호)

ISBN 979-11-6169-247-0 03180

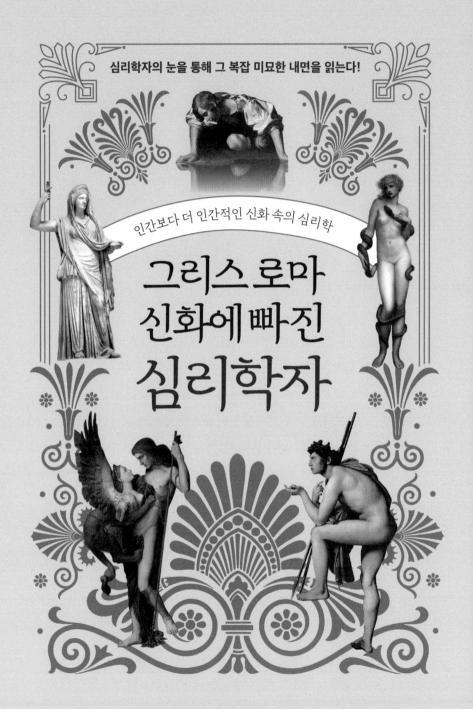

심리학자의 눈을 통해 그 복잡 미묘한 내면을 읽는다!

인간보다 더 인간적인 신화 속의 심리학

그리스 로마 신화에 빠진 심리학자

팬덤북스

젊은 시절 제가 처음 그리스 로마 신화를 읽었을 때 그 이야기들은 흥미롭긴 했지만 그렇다고 흠뻑 빠져서 읽을 정도는 아니었는데 그건 낙랑공주와 호동왕자 이야기처럼 흔해빠진 상상 속 이야기일 뿐이라고 생각했기 때문이었습니다. 하지만 중년의 나이가 되었을 때 저는 우연히 그리스 로마 신화 이야기들을 떠올렸는데 이유는 그 신화 속 이야기들이 어쩌면 역사를 관통하는 인간 삶의 다양한 모습, 그리고 그 변화와 밀접한 관계가 있는 것 같다는 예감이 들었기 때문이었습니다. 신약 성경에는 "인간은 빵만으로는 살 수 없고 하나님 말씀으로도 산다."는 표현에 있는데 그 예감은 그리스 로마 신화 속 이야기들이 빵만으로는 절대로 살 수 없는 인간의 운명을, 특히 인간의 복잡한 심리 현상인 사랑, 질투, 욕망, 갈등, 분노, 절망, 우울 그리고 공포와 두려움 등을 마치 실로 옷을 짓듯이 서로 연결하여 인간의 마음을 에두르긴 했지만 정곡을 찌르는 듯이 표현하고 있다는 생각을 했습니다.

　저는 이 글에서 인간의 정서나 욕구와 깊이 관련된 자기애라

4

는, 사회적으로 몹시 오해받고 있는 심리적·정신적 현상을 말씀 드리고 싶습니다. 왜냐하면 자기애가 이기주의라고도 달리 불릴 수 있을 텐데 이기주의의 원뜻은 '자기 자신을 잘 돌본다.'라는 뜻입니다. 그런데 오래전부터 이 이기주의는 고상한 가치로 여겨지는 이타주의와 심하게 적대적인 관계를 맺고 있는 것으로 여겨져서 사람이라면 이타주의를 지향하기 위해 자신의 이기주의를 무시하거나 버려야 하는 태도로 규정되어 왔습니다. 하지만 이타주의란 개념을 살펴보면 '남의 이기주의를 어느 정도 충족시키려 하는 태도'라는 뜻이어서 이기주의와 적대적 관계로 설정하였을 때 심한 모순이 생깁니다. 게다가 그 말은 멋지고 고상해 보여도 의식주에 대한 욕구와 이왕이면 지금 처한 불편한 상태에서 벗어나 좀 더 나은 상태로 가고자 하는 인간의 선천적인 욕구에서 자유롭지 못한 인간의 선천적인 성질 때문에 이런 이기주의를 배척하고자 한다면 이타주의에 대한 욕구가 생겨나기는커녕 한없이 무력한 상태에 빠져서 결국 잠시의 '낭만주의자'에서 남에게는 완전히 관심을 끌뿐만 아니라 자기 자신을 어떻게 해야 건강하게 돌볼 수 있는지조차도 생각하지 않은 채 젖먹이 아기처럼 구는 완벽한 악성 이기주의자로 돌변할 수 있는데요. 그 이유는 자기 자신의 제한된 경험을 통해 체득한 인간에 대한 관념 때문에 인간에 대한 짙은 실망감을 넘어 혐오감으로까지 확장되어서 결국 인간의 삶에 냉소적인 태도를 취하게 될 것이기 때문입니다. 그와는 달리 진정한 자기애란 나의 정직한 이기주의를 인정하고 경험을 통한 자신의 이기주의를 바탕으로 남의 이기주의적 욕구를 어느 정도 마음으로 이해하고 만약 도울 가치가 있다고 판단되면 자신이 처한 상태에서 얼마나 도움을 줄 가능성이 있는지를 생각할 수 있을 것입니다. 그리고 진정한 자기애는 나의 욕구의 실현이 처한 상황 속에서 실현 가능하더라도 과연 옳은가, 즉 합당한가를 따져 보게 됩니다. 왜냐하면 진정한 자기애란 나의 이기주의가 중요하지만 그와 함께 섞여 살 수밖에 없는 타인의 이기주의도 마찬가지로 중요하기 때문입니다.

우리는 흔히 도 아니면 모 식의 이분법적 사고방식에 빠질 수 있는데 이 사고는 간편하기는 하지만 때로는 적지 않은 위험도 내포하고 있습니다. 이 말씀을 드리는 이유는 비록 앞서 언급한 심리 상태인 분노, 우울, 슬픔, 절망, 좌절 같은 감정들로부터 인간이 자유롭지는 않지만 그렇다고 그 정서들을 인정하지 않으려고 부정하거나 외면한다면 그로 인해 심리적 힘이 생기기는커녕 그런 감정들을 부정하고 외면하느라 쏟는 헛된 심리적 에너지 때문에 몸과 마음에서 힘이 쪽 빠지는 결과를 초래할 것이라는 점을 밝히고 싶어서입니다. 그리고 나아가 그 힘든 감정들을 정직하게 인정한다면 억지를 써 가면서 그 힘든 감정으로부터 벗어나려고 하는 데 소비되었던 심적 에너지가 그 방향을 바꿔 그 힘든 감정들을 견디는 곳으로 향할 뿐만 아니라 힘든 감정이 서서히 물러간 뒤 남겨진 그 상흔을 바탕으로 이전보다는 좀 더 나은 삶을 살아가는 데 그 에너지가 쏠릴 것이라고 저는 믿습니다. 프로이트의 쾌락원칙principle of pleasure 이라는 개념을 빌면 건강한 쾌감즐거움 을 추구하려는 동기가 존재하기 때문에 말이지요. 그렇다고 언제 그런 아픈 상처를 경험했는지 전혀 기억나지 않는 상태가 아니라 이제까지 경험한 여러 가지 상처의 상흔들이 앞으로 당할지도 모르는 상처에 대한 고통을 이전보다는 좀 더 잘 견디도록 만들면서 그와 함께 삶을 잘 살아 내고 싶은 욕구를 부채질하듯이 말입니다.

6

그리스 로마 신화 속 이야기는 인간이 품을 수 있는 정서와 욕구에 관해서 얘기하면서 특정한 행동을 취하면 이런 위험에 처할 가능성이 높아진다고 경고합니다. 저는 오래전 읽었던 서양 철학사에 나오는 쇼펜하우어의 말을 여전히 기억하는데 그 말은 "삶은 손해일 뿐이다. 왜냐하면 끔찍한 고통이 사라지더라도 그 뒤를 잇는 것은 권태와 무료함이라는 지옥이기 때문이다."입니다. 나이가 지긋이 든 분들은 "인생은 고해일 뿐이다."라는 말에 공감하실 지도 모르는데 저도 이 말에 완전히 반대하는 것은 아닙니다. 왜냐하면 이 나이 들도록 살아 보니 제 뜻대로 안 되는 일들이 엄청나게 많아서 무기력할 뿐만 아니라 우연처럼 닥치는 불행도 여러 번 겪어 봤기 때문입니다. 그렇다고 삶의 반대인 죽음을 쉽사리 선택? 할 수 있는 사람은 아무도 없을 것입니다. 그렇기 때문에 삶이 고해더라도 살아갈 수밖에 없는데 이때 중요한 점은 삶의 어떤 측면이 고해임을 정직하게 인정하면서도 그 고해를 감당할 수 있는 능력을 재충전시켜 주는 삶의 다른 측면도 함께 인정해야 한다는 것입니다. 이를테면 자신만의 고유한 취향을 즐기는 것, 관심이 가는 일에 조금 시간을 내서 관심을 바탕으로 능력을 키우는 것 그리고 인간 공통의 욕구인 휴식할 시간을 처한 상황 속에서, 때론 너무 짧아서 아쉽더라도 스스로에게 허용하는 것 등을 꼽을 수 있을 것입니다. 그 누구도 절대로 대신해 줄 수 없는 자신의 삶을 살아 내기 위해서 말이지요. 자, 그럼 그리스 로마 신화는 우리에게 어떤 정서나 욕구를 어떻게 처리해야, 또는 어떻게 처리할 수 있다고 말하는지 한번 들어 볼까요?

차례

공포와
두려움

1

아레스의
두 아들

▲ 이탈리아 불치의 유적에서 출토된 전차를 탄 아레스를 묘사한 암포라, 기원전 530년, 독일 국립고대미술박물관 소장

파괴와 복구의
변증법

그리스 신화 속 전쟁의 신 아레스에게는 세 자녀가 있는데 아들인 포보스와 데이모스 그리고 딸인 하르모니아가 그들입니다. 그중 포보스와 데이모스는 아버지 아레스가 전쟁에 참여했을 때 늘 같이 다니는데 그 이유는 각각 공포와 두려움을 뜻하는 둘이 반드시 아레스의 곁에 붙어 있어야만 전쟁의 결과를 내다볼 수 있는 가능성이 생기기 때문입니다. 다시 말해서 살이 떨어져 나가고 피가 튀는 끔찍한 전쟁에 대한 공포와 함께 어쩌면 크게 패해서 설사 살아남더라도 적의 신민이나 노예가 될지 모른다는 두려움이 없다면 전쟁터는 전략도 전술도 필요 없이 그저 맹목적으로 죽고 죽이는 살육의 현장이기만 할 것이기 때문입니다. 그건 전쟁의 목적을 망각한 잔인한 인간의 모습인 반면 적지 않은 공포와 두려움에 사로잡히면 윗자리에 앉아서 명령을 내리기만 하는 높은 분의 뜻과는 달리 누구나 다른 동물들처럼 생존 본능에 의해서만 움직여서 내가 적을 죽이지 못하면 내가 죽는다는 절박한 심정이

될 것입니다. 그게 어떻게 생긴 누구든 상관없이 나를 공격해서 죽일 것만 같은 상대방에게 적의에 찬 하얀 이를 드러내면서 말이지요. 사람들이 '눈이 돌아간다고' 표현하듯 나를 해칠 것만 같은 '적', 전에 이웃집에 살며 함께 술잔을 기울이던 사람이든 누구든 상관없이 그 적에게만 온 신경이 집중되어서 다른 것은 눈에 들어오지 않고 무조건 살아남아야 한다는 절박한 심정으로 말입니다.

공포나 두려움이라는 표현을 쓸 때 종종 뒤따르는 표현은 '사로잡히다.'입니다. 공포나 두려움에는 왜 이런 표현이 따라붙을까요? 우선 외부 자극에 대한 동물을 포함한 인간의 기본적 반응은 '공격'과 '도피'입니다. 이 공격과 도피를 '가까이 접근한다.'와 '멀리 떨어진다.'라고 바꿔 표현하면 묘하게 뉘앙스가 좀 달라질 것입니다. 이 두 가지 반응은 모두 집중력을 필요로 하는데 경우에 따라서 생각하거나 따져 볼 틈 없이 긴급한 상황이 벌어질 수 있기 때문에 우리 정신과 몸은 신속하고 즉각적인 반응을 할 필요가 있습니다. 그건 "걸음아, 날 살려라!"라는 옛 표현처럼 이것저것 따질 틈 없이 마치 자동적인 현상처럼 정신과 몸이 번개같이 위기 상황에 온 신경을 집중시키고 동공을 확장시켜서 위험한 대상을 눈으로 포착함으로써 상황을 판단합니다. 그와 동시에 근육은 팽팽하게 긴장되어서 도망치거나 공격할 준비를 신속하게 합니다. 그리고 사람의 머릿속에는 자율적인 신체 반응과 맞아떨어지는 것으로서 도망치거나 공격할 궁리만 하도록 강제할 것입니다. 다름 아닌 자기 자신의 생존과 절박하게 직결된 문제이니까 말이지요.

16

이런 신속한 반응과는 좀 다르지만 우리는 공포에 질리거나 두려움에 휩싸이면 그 공포나 두려움을 주는 대상에게 온 신경을 집중하게 되는데 이때 생각이 가능할지라도 그 범위는 몹시 줍혀져서 공포나 두려움을 주는 대상을 어떻게 공격할 것인지, 아니면 그 대상으로부터 어떻게 도피할 것인지만 생각하도록 우리의 정신과 마음을 강제합니다. 그래서 사람들은 종종 더 이상 생각하고 싶지 않은데 자꾸만 같은 종류의 생각이 좀처럼 머리에서 떠나지 않는다고 하소연하기도 합니다. 걱정과 염려에 휩싸여서 말이지요. 그런데 걱정과 염려는 왜 마음에서 떠나지 않는 것일까요? 저는 걱정과 염려가 생각을 일으키는 힘을 가졌다고 생각합니다. 이 말을 설명하기 위해 황당하겠지만 걱정도 들지 않고 염려하지도 않는데 그 생각이 좀처럼 잊히지 않는다고 상상해 본다면 무언가 중요한 것이 빠졌거나 뒤바뀐 듯한 이상한 느낌이 들 것입니다. 농담을 섞어서 말하자면 '나 지금 이 생각을 왜 하는 거지?' 하는 이상야릇한 느낌만 받으면서 말이지요. 따라서 그런 생각의 기능은 걱정이나 염려를 없애거나 줄이기 위해서라고 말할 수 있을 것입니다. 그런데 사람들은 종종 자신의 마음을 썩이면서 걱정하거나 염려하게 만드는 대상의 상태를 바꾸고 없애려는 마음을 가질 수 있습니다. 그것도 시간이 지나감과 함께 차근차근 바꾸려고 하기보다는 단박으로 말이지요.

아레스와 남매 사이인 전쟁의 여신 아테나는 전쟁에 참여하면서 승리의 여신 니케를 동반한다고 합니다. 그리고 그녀는 지혜의 여신이기도 합니다. 반면 아레스는 전쟁터에서의 원초적인 생존 본능, 전쟁의 폭력과 살육, 공포 그 자체로 묘사됩니다. 전쟁에서 승리하는 방법은, 특히 현대전에서 승리할 가능성을 높이는 방법은 전쟁을 시작하기 전에 판세를 분석하고 지형을 탐사하면서 어떤 예상되는 위험이 있는지, 주어진 외부의 환경적 조건 속에서 어떤 책략을 써야 할지, 그리고 승리를 거두기 위해서 자신의 자원을 어떻게 적절히 배분해서 사용해야 할지를 꼼꼼히 따져 보아야 할 텐데 이 경우 머리를 쓴다고 표현할 수도 있고 전쟁에 대한 지혜를 갖추고 있다고도 표현할 수 있을 것입니다. 언제부턴가 '삶은 전쟁터이다.'라는 말을 더 자주 듣게 되었는데 삶이란 그저 두 손 놓고 살기에는 예상하거나 미처 그러지 못한 적지 않은 위험이 존재하기 때문일 것입니다. 그것도 간혹 자신과 내 가족의 긴박한 생존이 달린 문제들에 당면하기도 하면서 말입니다.

인간의 운명과
우연의 변주

프랑스 정신 분석학자인 자크 라캉은 인간의 정신적 능력을 상상계와 상징계 그리고 현실계로 구분해서 설명하는데요. 만약 인간에게 상상력이라는 능력이 없다면 자신의 미래, 특히 눈앞에서 흐릿하게 부유하는 미래의 모습을 상상할 수 없을 것입니다. 그런데 미래란 가깝다고 하더라도 마치 족집게 무당처럼 완벽하게 예측할 수는 없습니다. 그래서 불안한 미래를 대비하려고 할 때 고민하고 갈등하는 것이겠지요. 그렇게 하지 않고 그저 애써 봐도 피할 도리 없는 운명이겠거니 생각하면서 닥쳐올지도 모를 위험에 완전히 손을 놓는 사람은 삶에 아무런 가능성도 인정하지 않는 완벽한 염세주의적 결정론에 빠진 사람뿐일 것입니다. 하지만 미래를 염려하는 사람은 자신 앞에 닥친 문제를 해결하고 싶은 욕심이 생기더라도 지금 당장 해결의 기미가 보이지 않는 측면들은 울며 겨자 먹기 식으로라도 그냥 둔 채 조금이라도 더 나은 상태로 가기 위해서 지금 해결할 수 있을 것 같은 측면들에 주의를 기울여야 할 것입니다. 그 이유는 부정할 수 없는 인간 인식의 한계 때문에 건강한 삶에 영향을 끼치는 모든 요소를 고려하면 머릿속이 몹시 헝클어진 실타래처럼 되어 버리기 때문입니다. 더 이상 생각을 이어 갈 수 없거나 넘어 보려고 하기에는 무척이나 높은 벽처럼 당장 해결의 가능성이 없어 보이는 측면마저 억지를 써 가며 넘으려고 하다 보면 원치 않게도 그 결과는 절망적인 체념과 헤어 나오기 힘든 염세적인 우울증만을 야기할 수 있습니다. 그리고 당면한 문제의 어떤 측면을 애를 써서 어느 정도 해결해 내었을 때와 그 어둡고 깊은 산속을 간신히 빠져나와서 바라보는 산의 느낌이 사뭇 다르듯이 예전에 해결하지 못했던 다른 측면들 중에서 어떤 측면은 비로소 해결의 실마리가 잡힌 듯한 새로운 느낌으로 다가올 수 있습니다.

우리는 흔히 "스트레스를 받지 않고 살았으면 좋겠다."라고 말하곤 하는데 조금 따분한 생리학 이론으로 설명 드리자면 외부로부터 스트레스 유발 자극이 우리 정신과 몸에 유입되면 대뇌의 시상하부에서 부신피질 자극 호르몬을 뇌하수체에 보내고 이에 따라 부신피질에서 스트레스 호르몬인 코르티솔을 분비해서 외부로부터 유입된 스트레스에 저항하게 됩니다. 이런 생리 현상이 가능한 이유는 인간이 스트레스를 받는 것에서 자유로울 수 없기 때문에 다른 동물들과 유사하게 태어날때부터, 아니 어쩌면 엄마 뱃속에 태아로 있을 때부터 생존을 위해 자연이 선물한 그런 신체적·심리적 기능을 갖추고 있을 것입니다. 게다가 아무런 스트레스도 받지 않으면 얼핏 행복하기만 할 것 같지만 그렇다면 우리가 지루하거나 심심할 때 급속하게 위아래로 오르고 내려가는 롤러코스터를 타거나 스릴러 또는 공포 영화를 보는 이유를 설명할 수 없을 것입니다. 그래서 문제는 삶의 건강성을 유지하게 하는 적절한 긴장인가 아니면 감당하기 힘든 불쾌하기 짝이 없는 긴장인가의 여부입니다. 그런데 이런 불쾌한 스트레스를 일으키는 문제에 대한 뾰족한 해결 방법을 찾아낼 수 없을 때 우리의 공격성이 외부로 향하면 다 부숴 버리고 없애 버리고 싶어지거나 내부로 향하면 자기를 원망하고 미워하고 심지어 혐오하면서 자해와 같은 자기에 대한 공격성을 나타내기도 합니다. 이를 정신 분석 용어로 설명하자면 사디즘적 또는 마조히즘적 행동이라고 표현할 수 있는데 이는 자신이 제대로 예측할 수도 조종할 수도 없는 미래에 대한 불안과 염려로부터 달아나서 망상에 바탕을 둔 주관적인 부동의 확신에 이르고 싶은 충동 때문에 일어나는 것으로 보입니다. 즉 마음속의 걱정과 염려와 그로 인한 갈등과 불안을 잠재우려는 헛된 시도를 반복하면서 말이지요. 그리고 그렇게 함으로써 자신이 외부 환경을 완벽히 통제하고 있다는, 점점 악화되어 가는 주관적인 망상적 믿음을 강화시키려고 합니다.

그와 비슷하게 사람들은 걱정이나 염려를 전혀 하지 않고서 사는 삶을 꿈꾸기도 합니다. 신화 속 얘기를 빌려 말하자면 공포와 두려움의 신인 포보스, 데이모스와 남매지간인 하르모니아가 있는데 그 두 신적 존재들이 서로 남매 사이인 것은 공포와 두려움이 조화와 떼려야 뗄 수 없는 관계를 맺고 있어서일지도 모릅니다. 왜냐하면 어떤 대상이나 현상으로 인해서 공포나 두려움을 느끼는 이유는 그로부터 벗어나서 안전하고 편안한 상태로 가기 위함입니다. 그래서 저는 조화를 뜻하는 하르모니아에게 여전히 건강한 긴장이 서려 있다고 생각하는데 그 이유는 "그 후 신데렐라는 왕자님과 행복한 삶을 살았답니다." 와 같이 동화나 드라마 또는 영화가 마지막에 막연한 해피엔딩으로 끝나더라도 그 주인공들은 당연히 계속되는 삶을 살아가면서 새로운 또 다른 문제에 부딪히고 심하거나 가벼운 고민과 갈등을 겪을 가능성이 있기 때문입니다. 하지만 인간의 삶이란 항상 언제나 공포나 두려움에 떨면서 갈등과 고민만을 하는 상태가 아니기 때문에 닥친 문제를 일단 해결했다면 다시 어느 정도 일상의 편안한 삶의 상태로 그 모습을 바꿀 것입니다.

▲ 전쟁의 신 아레스를 묘사한 대리석 조각품, 기원전 320년, 이탈리아 알템프스궁전 국립박물관 소장

일상 속 스트레스와
함께 걷기

저는 방금 '일상'이라는 표현을 썼는
데 공포나 두려움도 인간 삶의 한 부분이기 때문에 일상 속에
서 빚어질 수밖에 없습니다. 다만 자신이 겪고 있는, 두렵고 불
안하게 만드는 문제 상황이 착시 현상처럼 일상과는 동떨어진
것으로 느껴서 그 문제를 가까운 친구나 지인 또는 심리 상담
을 하는 정신과 의사에게 그 부분만을 떼어 내어 말하기 십상
입니다. 그런데 가만히 살펴보면 그 문제는 무심코 지나쳤던,
그래서 기억을 제대로 못하는 일상 속에 이미 잉태되어 있었을
것입니다. 그건 자기도 제대로 의식하지 못한 채 내뱉은 말 한
마디나 무심코 한 행동 또는 남들도 다 그렇게 산다느니 하는
진부한 표현 때문에 굳이 신경을 써서 주목하지 않고서도 행하
는 반복적인 일상의 삶 속에 포함되어 있어요. 하지만 중요하게
생각하지 않거나 제대로 인정하지 않은 자신의 관심과 개성 그
리고 그를 바탕으로 한 자신의 잠재적인 능력 등이 자신도 잘
눈치채지 못한 채 억눌려 있다가 어떤 식으로든 밖으로 표현되

고자 하는 성질 때문에 왜곡된 형태로나마 밖으로 드러나는 경우도 그에 속할 것입니다. 그래서 그런 주관적이고 개인적인 관심과 개성이 갑작스레 비틀어진 모습으로 밖으로 표현이 되면 때로는 '내가 잠시 미쳤나 봐. 도대체 나 왜 이러지?' 하면서 순간적으로 몹시 당황하고 심하면 두려워할 수도 있습니다.

사실 평범하디 평범한 일상에 특별히 눈길을 주기는 쉽지 않을 것입니다. 그렇게 의식적으로 일상의 이런저런 측면 모두에 주목하려 들면 신경이 점점 더 날카로워질 뿐만 아니라 이내 몹시 피곤하고 지칠 수도 있기 때문입니다. 다만 근심 걱정이 들어서 마음이 불안해지고 속이 편치 못할 때 우리의 정신과 마음은 마치 중요한 소식을 등기 속달로 전하는 집배원처럼 왜 그런 걱정과 근심이 들었는지에 대해 우리에게 소식을 전할 것입니다. 물론 소란스럽고 번잡한 한낮의 시간보다는 집에 돌아와서 얼른 씻고 늦은 저녁밥을 먹은 뒤 잠시 티브이를 보다가 잠자리에 몸을 눕히면 그제야 작은 목소리로 조심스럽게 '왜냐하면 말이지'로 시작되는 느낌의 이야기를 말이지요. 때에 따라서는 그 목소리가 잦아들면서 깊은 잠에 빠질 수도 있는데 현실계의 제약으로부터, 이를테면 인간이 초월할 수 없는 시공간의 제약으로부터도 자유로워지고 현실의 대상들에서 연상되는 각종 이미지를 짜깁기하면서 꿈을 통해 채 못다 한 얘기를 마저 전할 수도 있습니다. 그리고 잠에서 깨어났을 때는 마치 매우 빠르게 움직이는 롤러코스터를 다 타고 안전벨트를 푼 뒤 놀이공원을 빠져나왔을 때 무언가를 본 듯은 한데 초점이 잘 맞지 않는 질 나쁜 망원경으로 세상을 본 듯 '무언가를 보았다.'라는 기억만 또렷한데요. 정작 무엇을 보았는지는 기억하기 힘든 것처럼 꿈속에서 무슨 얘기를 듣긴 했는데 먹먹한 잔향만 남은 듯해서 '내가 꿈속에서 무엇을 보았고 무슨 얘길 들었지?' 하는 궁금증 때문에 그 내용을 곰곰이 돌이켜 보게 될 수 있습니다. 어쩌면 이런 현상은 우리의 정신과 마음의 의도적인 현상일지도 모르는데 그건 마치 낯선 곳에서 목적지를 찾기 위해 발걸음을 옮겼을 때 가옥이나 나무나 도로 그리고 거기에서 걷거나 무슨 일을 하는 사람들의 모습은 낯익지만 찾고자 하는 집이 어디인지는 감으로만 찾아 헤매는 것과도 비슷할지 모릅니다. 그런데 낯선 집을 찾을 때 그 집 가까이에 있는 자극으로서의 단서, 이를테면 '큰길에서 왼쪽으로 꺾어지는 골목 어귀에 큰 은행나무가 서 있고 그 옆에는 작은 구멍가게가 있다.'라는 식의 설명에 의존해서 찾고자 하는 집을 찾으려고 할 때 느껴지는 마음의 상태와 꿈에서 깨어난 뒤의 느낌이 많이 닮아 있을 것입니다. 그래서 꿈은 관심 있는 영화를 다 보고 난 뒤 중요한 장면만 기억되듯이 중요한 단서들만 기억하게 만드는 모양입니다. 아마도 힌트 같은 성격으로 말입니다.

가능성으로서 잠재적인 것이지만 인간에게는 파괴적인 성질과 함께 창조하려는 성질이 같이 있습니다. 파괴라고 하면 폭탄이 떨어져서 가옥을 파괴하거나 망치로 물건을 부수는 것을 연상할 수 있는데 저는 파괴하려는 성질은 더 나은 상태로 가고자 하는 원형적 성질, 즉 본능으로서 존재하는 성질을 가지고도 있다고 생각합니다. 이를테면 외세의 힘에 의존한 것이긴 했지만 철옹성 같던 유교 질서에 기반을 둔 500년 조선도 신문

명의 유입과 그로 인한 백성의 각성 등으로 맥없이 '무너져' 버렸습니다. 물론 그 뒤를 이은 것은 긴 식민지 시대였지만 그 사실은 인간의 정신이 변화할 수 있다는 가능성을 내포하고 있습니다. 아니, 더 정확히 얘기해서 이미 인간의 마음속에 잠재되어 있는 욕구와 감정을 외부의 자극이 일깨운다고 표현하는 것이 더 정확할 것입니다. 그 이유는 만약 인간의 마음에 그런 욕구가 선천적으로 잠재되어 있지 않았다면 새로운 체재의 수용도 불가능했었을 것이기 때문입니다.

다시 신화 속으로 들어가면 전쟁의 신 아레스와 전쟁터에서 함께 하는 여신의 이름은 에리스로 로마 신화에서는 역시 불화나 부조화를 의미하는 디스코르디아로 불립니다. 그 아무도 혀의 침이 바짝바짝 마르게 하는 긴장감을 원하는 사람은 없을 것입니다. 상상일 뿐이지만 그렇다고 아무런 자극도 없어서 마치 흰 벽만 쳐다보고 있는 듯이 아무런 흥미도 관심도 기울여지지 않는 무자극의 상태를 원하는 사람도 역시 없을 것입니다. 개인적으로 저는 혼란이나 혼돈을 뜻하는 카오스가 조화로운 상태로 가기 위한 예비 단계라고 생각하는데 이 과정은 일회성이 아니라 삶이 끝나는 날까지 마치 성난 또는 잔잔한 파도처럼 일렁이면서 계속된다고 생각합니다. 계속해서 부딪히는 문제나 갈등 상황을 해결하기 위한 과정으로서 말이지요. 물론 때론 모든 문제와 갈등을 일거에 없애 버리고 완전히 편안해지고 싶어지기도 하지만 말입니다.

염려와 두려움이
빚어내는 지혜

　　　　　　하지만 이렇게 계속 생겨나는 문제
나 갈등을 점진적으로 해결해 가는 과정은 인간적 성숙과 밀접
한 관계를 맺게 되는데 분명히 타고난 인간의 운명인 인간적인
한계를 인정해야겠지만 그 문제에서 마냥 도망치지 않고서 끈
기를 가지고 마주한다면, 게다가 완벽한 해결책이 아니라 막혔
던 숨이 트일 정도의 잠정적이거나 일시적 해결책부터 마련하
려고 마음먹는다면 마치 한 알 한 알의 작은 알갱이의 곡식이
점차 쌓이고 쌓여서 곡식 더미가 되듯이 우리의 정신과 마음에
는 그 힘겹고 고단한 경험들이 차츰차츰 차곡차곡 쌓여서 지식
이라기보다는 '지혜'라는 이름으로 불릴 수 있는 존재로 탈바
꿈할 수도 있습니다. 그 지혜가 건조한 지식과 다른 이유는 그
런 지혜가 마음과 긴밀하게 연결되어 문제나 갈등 상황과 원치
않게 마주칠 때 우리의 정신에 신호를 전달해서 머리와 가슴이
동시에 작동하도록 하거든요. 게다가 때론 건조한 지식이 문제

해결에 방해가 될 때 그 지식에 생명력을 불어넣거나 아니면 문제 해결에 도움이 되지 않는 교과서적 지식을 문제 해결 과정에서 제외시킬 수 있기 때문입니다. 예를 들자면 자꾸만 어디선가 접한 피상적 지식으로서 완벽한 해결책인 듯한 지식이 잠정적이고 현실적인 문제 해결에 방해가 된다면 그 지식에 대한 기억에 생명력을 불어넣지 않는 방식으로 말이지요.

그러나 그렇게 차곡차곡 삶의 지혜가 쌓인다고 해서 걱정이나 두려움으로부터 완전히 자유로워질 수는 없는데 간단히 말해서 인간은 인간적인 한계와 함께 '우연'이라는 운명을 피할 수 없기 때문입니다. 그러나 우연히, 그러니까 원치 않게 불쾌하고 두려운 우연과 마주쳤을 때 마치 험준한 산을 오르기 위해서 산악인들이 안전장치로 베이스캠프를 마련하듯이 우리 정신과 마음은 그동안 알게 모르게 차곡차곡 쌓여 지혜로 탈바꿈한 경험들을 바탕으로 정신적·심리적 베이스캠프를 마련할 것입니다. 이는 인간의 기본적인 반응인 공격성과 도피성을 함께 아우르는 것일 텐데 위험한 순간 발길을 돌려 찾아갈 수 있는 베이스캠프가 없다면 삶이 몹시 위협받을 때 위태로울 수 있는 반면 그 베이스캠프 덕분에 이를 악물고 위험을 무릅쓸 수 있는 용기가 생기기 때문입니다. 어쩌면 불쾌하고 두렵기도 한 우연과 마주쳤을 때 우리의 의지와는 상관없이 몸에서 스트레스 유발 자극에 저항하는 스트레스 호르몬이 분비되는 것도 그런 정신적·심리적 베이스캠프의 기본적인 성질 중의 하나일지 모릅니다. 그리고 그런 몸의 자율적인 기본 반응은 우리 정신과 마음을 자극해서 분명히 우리 안에 존재하지만 평상시에는 활성화될 필요가 없이 잠들어 있던 '지혜'라는 이름의 자원을 동원할 것입니다. 그러나 그 지혜는 만병통치약 같은 것이 아니라 뚜렷한 한계, 그러니까 인간이라는 존재가 절대로 벗어날 수 없는 절대적 한계와 함께 아직은 다 여물지 못했지만 그런대로 먹을 수 있는 과일처럼 잠정적인 한계를 지닌 그런 지혜일 것입니다. 그리고 그 잠정적인 한계는 원치는 않지만 어쩔 수 없이 당면한 불쾌하고 두렵기도 한 우연을 견디면서 마주할 때 천천히, 그것도 자신이 채 의식하지 못한 상태로 익어가면서 확장되고 정교해질 수 있습니다. 마치 입을 다문 꽃송이가 아주 천천히 제 꽃잎을 피워서 인간의 눈으로는 그 변화를 감지할 수 없지만 어제 막 피려고 꽃잎이 열리더니 오늘은 꽃잎을 활짝 틔우는 경험처럼 말입니다.

하지만 이런 지혜는 손 안 대고 코 푸는 식으로 그냥 얻어지는 성질의 것이 아닌데 그 이유는 당연하게도 갈등과 고민에 동반되는 염려나 두려움을 고스란히 견뎌 내야 하기 때문입니다. 물론 그런 염려나 두려움이 달가운 사람은 없을 테지만 그 고통스러움을 견디다 보면 건조한 지식과는 달리 정서적으로 충전된 지식으로, 즉 지혜로 변모할 수 있을 것입니다. 하지만 넘치는 것이 부족한 것보다 못하다는 옛말처럼 자신에게 닥친 걱정거리나 고민에 대한 완벽한 해결책을 구해서 그 걱정거리나 고민거리로부터 완벽하게 벗어나겠다고 마음먹는다면 원치 않게도 역설적으로 복잡한 미로 속에 빠진 듯이 어쩔 줄 몰라 갈팡질팡할 수 있습니다. 그건 마치 이제 구구단을 간신히 뗀 어린아이에게 미적분 문제의 답을 찾아내라고 요구하는 것

▲ 이탈리아 티볼리의 아드리아나 별장에 있는 아레스 석상

과 그리 다르지 않아 보입니다. 앞에서 말씀드렸듯이 우선 발에 떨어진 불부터 급히 끄는 식으로 걱정이나 염려의 정도를 낮춰주는 임시방편적 방법부터 찾아서 보는 것이 좋을 것입니다. 물론 그로 인해 머릿속은 여전히 좀 복잡하고 마음도 조금 편치 않을 수 있겠지만 마치 발 디딜 틈 없어 숨 막히는 출근길 버스나 지하철에서 나와서 간신히 제대로 숨을 쉴 수 있는 것처럼 '일단 한시름 놓았다.'라는 마음이 들도록 말이지요.

인간의 한계와
그 아름다움

　　갑작스러운 얘기지만 요즘 제가 주
목하는 한국 사회의 현상은 다름 아닌 초중고 학생들에 대한
사회적 '착취'입니다. 제가 착취라는 과격한 표현을 쓴 이유는
밥 먹듯이 초과 근무를 하는 직장인일지라도 밤늦게 집으로 돌
아오면 집밥을 먹고 나서 발 뻗고 잘 수 있고, 특별한 경우가 아
니라면 주말에는 맥주를 마시면서 티브이에서 방영하는 야구
경기를 보며 쉴 수도 있지만 어린 학생들은 누려 마땅한 자유
시간은커녕 잠조차 충분히 잘 수 없는 열악한 환경에 놓여 있
기 때문입니다. 우리는 흔히 거스를 수 없어 보이는 사회적 현
상에 대한 분노나 두려움을 모두 내려놓으라고, 그러면 마음이
편해질 거라고 쉽게 말하곤 하지만 인간의 마음이라는 것이 그
렇게 단순하거나 멋대로 바꿀 수 없기 때문에 억지를 부리면서
아무리 애를 써 봐도 열악한 환경에 대한 분노나 두려움은 마
음속에서 자취를 감추기는커녕 내려놓으려 하면 할수록 점점
더 흥분하면서 심해질 것입니다. 그래서 어떤 때는 충동적으로

자신을 포함한 모든 것을 부숴 버리고 파괴해 버리고 싶은 심정이 들기도 합니다. 하지만 절대로 넘어설 수도 부숴 버릴 수도 없을 듯이 견고한 철옹성 같은 외부 조건 때문에 우리는 낙담한 마음으로 이내 체념하곤 하는데 문제는 그렇게 한다고 해서 마음속에 가득 찬 분노나 두려움을 말끔히 없앨 수는 없다는 점입니다. 그 마음은 기말고사 시험 문제를 모두 맞혀서 얻은 백 점짜리 점수 같은 성질의 것이 아니라 '도대체 어떻게 하면 지금보다는 더 나은 상태로 갈 수 있을까?' 하는 질문으로 이어질 수도 있을 것입니다. 그런데 이렇게 바꾸면 될 것 같은 막연한 생각을 할 때 그 막막함과 함께 종종 두려운 마음, 때로는 몹시 두려운 마음이 함께 들 수 있습니다. 공포로 변할 수 있는 성질의 두려움 말이지요. 까딱 잘못하면 공포로 바뀔 수 있는 이 두려움은 우리에게 전하는 메시지를 포함하고 있는데 그건 "그렇게 한다고 했을 때 이런 위험이 도사리고 있을지도 몰라."라는 절박한 경고 신호일 것입니다.

때때로 저는 무를 자르는 듯한 이분법의 모순과 위험성에 대해서 생각하곤 합니다. 그 이유는 우리가 생각을 할 때, 특히 심한 결핍이나 모순을 완전히 없애겠다고 마음먹고 생각을 할 때 추상화된 이상적 방법에 유혹당할 위험이 있다고 생각하기 때문입니다. 물론 때론 그 이상적인 방법 중에는 현실화할 수 있는 성질을 가진 것도 있지만 그 경우에도 마치 긴 길을 걷듯이 반드시 험준하기도 한 '과정'이 필요해서 돌부리나 패인 곳을 피해 가며 차근차근 한 단계 한 단계씩 나아가야 합니다. 때로는 비틀거리며 걸음을 옮기는 듯이 말이지요. 그래서 아무리 많은 경험을 한 사람이라고 해도 미래, 그것도 그리 짧지 않은 미래의 모습을 상상하려 할 때 마치 점점 깊은 안개 속에 싸이는 듯한 두려운 느낌을 가질 수 있는데요. 그건 인간의 한계 때문에 예측할 수도 미리 조정할 수도 없는 우연들이 그 과정 속에 섞일 수 있기 때문입니다.

그래서 저는 이렇게 생각합니다. 우연, 그것도 원치 않는 우연이 일어날지도 모른다는 것을 각오하면서 눈앞에 그려지는, 흐릿하긴 하지만 잡힐 수 있을 것 같은 미래를 향해서 애써 보는 거예요. 그리고 그 노력의 결과가 자신이 예상했던 것과 사뭇 다를 때는 비로소 깨닫게 된 다른 조건들의 영향력을 새로이 고려하면서 방향을 조금 바꾸어 보거나 새롭게 길을 바꿔서 걷는 듯한 느낌으로 노력을 계속해야 하겠지요. 그렇게 할 때 마치 나침반처럼 그 발걸음의 방향을 다름 아닌 불안과 두려움이 보다 정확하게 가리킬 것입니다. 즉 "이쪽은 위험해 보여."라는 식으로 말이지요. 저는 방금 노력이라는 표현을 썼는데 노력이란 '정신을 한곳에 모으면 이루지 못할 것이 없다.'라는 뜻을 가진 '정신일도 하사불성'이란 고사 성어처럼 멋있어 보이긴 하지만 실제로는 매우 잔인한 말과는 차원이 다릅니다. 아무리 커다란 문제에 부딪히더라도 반복되는 일상으로부터 완전히 벗어날 수 있는 사람은 아무도 없을 것입니다. 특히 먹고 자고 쉬는 기본적인 인간의 선천적 욕구는 여전히 작동해서 아주 당연한 표현이지만 우울해도 여전히 쉬고 싶고 먹고 싶고 자고 싶어질 것입니다. 그래서 노력이란 열 일 제쳐 두고 기울여야 하는 성질의 것이 아니라 '내가 이 문제를 해결하지 못하면 어떡하지?'라는 두려움을 바탕으로 잠깐 짬을 내서 곰곰이 생각해 보는 별도의 시간을 가지는 것을 의미할 것입니다. 그런데 우리의 정신과 신체의 욕구 중에 역시 기본적인 쉬고 싶다는 욕구는 피곤함으로 표현되곤 해서 생각이 더 이상 이어지지 않고 지루해지거나 피곤해져 누워 쉬고 싶거나 바깥바람을 쐬고 싶어질 것입니다. 그리고 그때 얼른 그 문제를 해결하고 싶은 마음 때문에 억지를 부려 가며 더 생각을 이으려 한다면 원치 않게 머릿속은 꽉 막힌 것 같거나 아무리 정신을 집중해 보려고 해도 이런저런 잡념이 들기도 할 것입니다. 그래서 그럴 때는 누워 쉬거나 혼자서 조용히 산책을 하다가 아담한 카페를 만나게 되면 그곳에 들어가서 커피 한 잔을 마시면서 지친 정신과 마음에게 휴식을 허용할 필요가 있어 보입니다. 그렇게 하면 우리의 정신과 마음은 다시 원기를 회복해서 마치 등기 속달로 보내진 편지처럼 다시 적절할 때 우리가 그 문제를 의식할 수 있도록 도울 것입니다. 물론 때론 선물과도 같이 그 문제와 함께 그 문제를 어느 정도 해결해 줄지도 모르는 힌트 같은 답을 제시하면서 말입니다.

하지만 그 힌트 같은 해결책은 그럴지도 모른다는 느낌의 것이기 때문에 그 힌트 같은 성질의 메시지를 바탕으로 어떻게 하면 좋을까를 한 번 더 곰곰이 생각해 보아야 할 것입니다. 이를 비유적으로 표현하자면 그건 집을 짓기 위해서 굵고 거친 나무줄기를 베어 왔을 때 집의 구조에 걸맞게 대패를 써서 다듬어야 하는 것과 비슷합니다. 하지만 정확한 설계도에 따라 집을 짓는 것과는 달리 그때그때 변화하는 내적·외적 조건들 때문에 애써 생각해 낸 해결책은 완벽할 수 없을 수도 있습니다. 하지만 변화하는 내적·외적 조건들은 그 조건에 맞는 '더 나은' 해결책을 요구할 것이고 그래서 우리가 새롭게 변한 조건들에 상응하는 새로운 해결책을 궁리해서 찾아내려고 하는 것을 일반화해서 표현하자면 사람의 삶이라는 뜻을 지닌 '인생'의 과정이라고 말할 수 있을 것입니다.

떨림,
인간적인 두려움

저는 앞에서 '공포로 변할 수 있는 두려움'이라는 표현을 썼는데요. 우선 공포와 두려움이 다른 이유는 두려움이란 떨리는 불안을 동반해서 우리로 하여금 내가 왜 불안하고 두려운지를 생각해 보도록 부추기지만 공포란 '공포에 질리다.'라는 표현처럼 우리 정신을 거의 마비시켜서 곰곰이 해결책을 생각하는 것이 아니라 기본적인 본능적 반응만을 유발해서 당면한 상황에 현실적으로 적절한 행동을 하지 못하도록 할 위험이 있습니다. 눈을 뜨고는 있지만 눈앞이 흐려지고 그저 도망치고 싶다는 원시적인 반응만을 유도하면서 말이지요. 이런 공포 반응 중에는 공황 장애라는 심리적 질병이 포함되는데 이 심리 장애에는 상상력이란 인간의 선천적인 능력이 한몫을 담당합니다. 이를테면 공황 장애 중에서 광장 공포증이라는 것이 있는데 원래는 볕 좋은 일요일에 탁 트인 광장에 가면 막힌 속이 뚫린 것 같아 기분이 좋아지고 근처 음식점이나 카페에 가서 맛있는 음식이나 음료를 한갓지게 즐길 수 있어서 더더욱 기분이 좋아지기 마련입니다. 하지만 광장 공포증에 사로잡힌 사람에게는 광장이 불쾌하고 두려운 심리적 단서로 작용해서 똑같은 광장의 모습을 보더라도 심한 공포를 느낄 수 있습니다. 제 추측이지만 광장 공포증에 사로잡힌 사람이 광장에 대해 그렇게 심한 공포를 느끼는 이유는 웃거나 떠들면서 광장을 천천히 오가는 사람들과는 달리 자신은 심리적 질병으로 괴로워하고 있고 게다가 '저 많은 사람 중에 내 마음을 온전히 이해하고 손을 내밀어 줄 사람은 한 명도 없겠구나.'라는 상상으로 인해서 지독한 고립감을 느끼고 마치 넓지만 어두운 영화관에서 따뜻한 소재의 영화를 혼자 앉아서 보는 듯한 기괴하고 스산한 느낌을 받아서 그럴 수도 있을 것입니다.

물론 두려움은 도 아니면 모 식으로 구분할 수는 없고 그 정도를 같이 표현해야 상대방이 그 두려움과 공포를 더욱 제대로 짐작할 수 있을 것입니다. 물론 이때 언어적인 표현보다는 비언어적 표현, 즉 얼굴 표정이나 손 떨림 같은 신체적 표현이 더 중요한 전달 역할을 할 테지만 말이지요. 갑작스러운 말이지만 철학의 표현 중에 '질적 전환qualitative transformation'이란 표현이 있습니다. 이 표현은 기분의 기복이 심한 조울증에 적용할 수 있을 텐데요. 그 이유는 무엇엔가 도취되어서 미친 듯이 기분이 들떴다가는 이내 가파른 산길에서 굴러 떨어지는 듯이 기분이 한없이 우울한 상태로 변하기를 반복하기 때문입니다. 이 심리적 질병은 자꾸만 그 증상이 반복되다 보면 불안과 두려움을 동반한 예기 불안, 즉 '또 그렇게 되면 어떡하지?'라는 불길한 예측을 바탕으로 해서 점점 더 심해지는 불안으로 악화될 수

◀ 〈아레스의 딸 하르모니아〉,
에블린 드 모건, 1877년, 영국
와이트윅 매너 소장

있습니다. 이때 두려움을 느끼고 싶지 않다고 닥쳐올 것만 같은 심한 불안을 잊어버리려고 억지로 다른 활동에 몰입하기보다 몹시 힘들겠지만 점점 스멀스멀 다가오는 두렵고 불안한 상태를 자신의 상태로 정직하게 인정하면서 몸과 마음을 현실적으로 최대한 이완시킬 수 있는 방법을 찾아봐야 할 것입니다. 필요하다면 약의 도움과 가까운 사람이나 전문가의 도움을 받으면서 말입니다. 그렇게 할 때 마치 심한 감기에 걸린 사람이 약을 먹고서 여전히 잠자리에 누워 있지만 조금은 그 증상이 나아지는 것처럼 그 불안과 두려움은 마치 날이 천천히 밝아오는 것처럼 천천히 좋아질 수 있습니다. 그렇지 않고 하나도 불안하지 않거나 두렵지 않겠다는 억지스러운 마음을 먹는다면 그 불안과 두려움이 사라지기는커녕 원치 않게 점점 더 심해질 수 있습니다.

기능적으로 불안과 두려움은 나침반 바늘과 같이 떨리면서 삶의 방향을 가리킬 것인데 그저 한낱 인간인 자신이 어쩔 수 없는 삶의 한계를 억지를 쓰면서 벗어나려고 할 때는 심하게 떨리며 강한 경고음을 발할 것입니다. 그리고 그렇게 강한 경고음을 발하는데도 계속 억지를 쓰며 인간의 한계를 벗어난 추상적인 존재를 헛되이 지향한다면 그 두려움은 심한 공포로 변해 인간으로 하여금 공포에 질리게 만들어서 가장 기본적이자 기초적인 본능에만 충실하도록 강제할 것입니다. 어쩌면 그건 우리 정신과 마음이 우리가 절대로 될 수 없는 추상적인 존재가 되고 말겠다는 헛된 욕심, 마치 저 먼 곳에 생긴 무지개를 내 것으로 소유하겠다는 어처구니없는, 탐욕이라고 바꿔 부를 수 있는 욕심 때문에 저지르려는 행동에 대한 최후의 경고 신호일지도 모릅니다. '너는 먹고 자고 쉴 수밖에 없는 선천적인 본능에서 절대로 벗어날 수 없는 한낱 인간인 존재이다.'라는 최후의 경고 신호로 말이지요. 그리고 이 경고 신호는 생각을 해 보아야 하는 내용이라기보다는 매우 불안해서 심하게 떨리는 신체적 경고 신호, 즉 몸으로 생생히 느껴지는 비언어적인 절박한 경고 신호일 것입니다.

그래서 그 무섭고 고통스러운 공포에서 벗어나려면 우선 자신이 다른 사람들과 마찬가지로 기초적인 본능에서 절대로 자유롭지 못한 한낱 인간이라는 사실부터 정직하게 인정해야 할 것입니다. 공포란 생각을 기반으로 하는 인지적인 성질의 것이 아니라 다른 동물들처럼 본능적으로 우선 빨리 피하고 싶은 성질의 것이니까 말입니다. 마지막으로 제가 어릴 적 읽고 잠시 어이가 없었던 어린이 소설 속 얘기로 글을 마무리하자면 높은 빌딩도 지반을 다진 뒤 1층부터 세우지 않고는 지을 수 없는데 그 소설 속에 등장하는 돈 많은 부자는 뭐 하러 쓸데없이 1층부터 짓냐면서 맨 꼭대기 층만 지으면 간단하고 돈도 덜 든다고 말했습니다. 이런 말씀을 드리는 이유는 인간은 분명히 변화하고 성장할 수 있는 가능성을 지닌 존재이긴 하지만 다른 동물들과 마찬가지로 가지고 있는 본능, 즉 배가 고프면 먹고 싶고 졸리면 자고 싶고 피곤해지면 쉬고 싶은 욕구로서의 어쩔 수 없는 본능들을 갖춘 존재라는 사실부터 우선 인정해야만 그를 밑바탕으로 건강하게 변화하고 성장할 수 있는 가능성을 높일 수 있다는 당연한 사실을 강조하고 싶어서입니다.

이성적이란
무슨 뜻일까?

2

대장장이 신
헤파이스토스

▲ 헤파이스토스가 테티스에게 아킬레우스의 갑옷을 주는 장면을 묘사한 도기 속 그림,
기원전 490~480년, 독일 베를린 구 박물관 소장

화폐는 도구인가, 목적인가?

저는 어느 자리에선가 한국 사람은 경제 동물이라는 표현을 접한 적이 있습니다. 그런데 따지고 보면 이 세상에 경제적 동물이 아닌 인간은 없습니다. 심지어 갓난아이도 경제적 동물에 포함되는데 이때의 경제적이란 이득과 손해를 따져 볼 수 있다는 것으로 이해할 수 있습니다. 하지만 앞서 인용한 표현의 방점은 '경제'에 찍혀 있고 그 이유는 다른 나라의 사람들도 돈을 중요시하지만 한국 사람들은 유독 돈의 쓰임새보다는 그 소유 정도에 훨씬 더 무게를 두고 있으며 다른 나라 사람들과 비교해 볼 때 돈의 소유를 위해서 다른 인간적 측면들을 무시하거나 가볍게 여기는 경향을 보다 더 가지고 있기 때문일 것입니다. 제가 앞으로 쓰게 될 글에 대한 불필요한 오해를 피하기 위해 우선 말씀드리자면 화폐라고 점잖게 표현되는 돈은 인간의 본질적인 한계 때문에 생겨났다고 생각합니다. 즉 인간의 물리적, 정신적 능력의 한계로 인해 모든 상품과 서비스를 혼자서 만들어 낼 수 없기 때문에 다른 사람이 만들거나 제공하는 상품과 서비스를 자신이 만들어 낸 상품이나 익힌 재능으로 제공하는 서비스와 교환하기 위해서 만들어 낸 것이 바로 화폐입니다. 그리고 아무도 앞날을 정확하게 예측할 수 없는 인간의 운명상 춥고 어두울지도 모르는 미래의 생계를 위해서 화폐를 저장貯蓄 하기도 합니다. 하지만 한국 사회는 아직도 유교적인 관습이 음습하게 퍼져 있기 때문에 돈을 벌려고 애쓰는 것을 '돈을 밝힌다.'라고 하면서 폄하하는데요. 그래서 아주 오래전 가요 중에 "사람 나고 돈 났지, 돈 나고 사람 났나"라는 노랫말을 담은 것도 있습니다. 제게 그 노랫말은 '돈 때문에 얼마나 무시당하고 업신여김을 당했으면 그런 말을 했을까?'라는 생각을 불러일으켰습니다. 형식적으로는 반상班常 의 유교 질서가 무너졌지만 이제는 돈의 많고 적음을 통해서 신분이 나뉘는 포스트 유교 문화 사회 속에서 말이지요. 그래서 억울하면 출세하라는 말이 속된 표현이지만 가슴을 때리는 표현으로 자리 잡았는지도 모릅니다.

그리스 로마 신화에는 제우스와 헤라 사이에서 난, 한쪽 발이 불구인 헤파이스토스라는 신이 나오는데 그는 무엇이든 만들어 낼 수 있는 능력을 지닌 대장장이 신이자 로마어로는 화산을 뜻하는 불카누스로 불리는 불의 신입니다. 그가 한쪽 발을 절게 된 이유는 여러 가지 설이 있지만 저는 그 이유에 대한 해석을 잠시 뒤 언급하고자 합니다. 신화에 따르면 몹시 못생긴 헤파이스토스의 아내는 미의 여신으로 불리는 아프로디테였는데 무슨 연유에서인지는 몰라도 그는 세상에서 가장 아름다운 여신에게 별로 관심도 없어서 거들떠보지 않았다고 합니다. 그래서 그녀는 헤파이스토스가 집을 비운 사이 전쟁의 신 아레스와 불륜의 관계를 맺기도 했습니다. 이 신화에 대해서 여러 가지 해석이 있겠지만 저는 헤파이스토스가 한쪽 다리를 저는 불구인 이유를 정신 분석학적으로 설명하고자 합니다. 우선 그는 무슨 도구든지 만들어 내는 신통한 힘을 가진 신이었는데 도구란 그 표현대로 '어디에 쓸모가 있어야' 합니다. 예를 들어서 날 선 칼을 만들었는데 그 도구를 어디에 어떻게 써야 할 지 모른다면 그 도구는 쓸데없는 물건일 뿐입니다. 그런데 '어디에 써야 하는가?'라는 질문은 '어떻게 쓰는 것이 옳은가?'라는 의문을 함축하고 있습니다. 다시 말해서 그 도구를 만들기 전에 어떤 욕구의 충족을 위해서 만들어야 하느냐는 질문이 먼저 앞선다는 말입니다.

그런데 만약 날 선 긴 칼을 만들고자 하는 이유가 땅을 파서 건물을 세우고자 하거나 정말 우스운 예이지만 추위를 피하기 위함이라고 한다면 그런 말을 한 사람을 정신이 어떻게 된 사람으로 여기게 될 것입니다. 제가 이런 우스운 예를 든 이유는 '무에서 유를 창조한다.'는, 멋지지만 공허한 표현에 반대하기 위해서입니다. 즉 아주 오래전 원시인으로 불렸던 인간의 조상 몸 속 유전자에 이미 선천적인 느낌, 즉 짐작하는 능력이 새겨져 있었음을 에둘러 말씀드리고 싶어서입니다. 중학교 역사 시간이나 사회 시간에 졸지 않은 분들은 인간의 조상인 원시인이 돌을 깨거나 갈아서 그 돌을 무기로 만들었고 그 무기로 짐승을 잡아서 선천적인 식욕을 충족했다는 이야기를 들었을 것입니다. 어려서 그 이야기를 들었을 때 저는 '어떻게 원시인이 그런 생각을 다 할 수 있지?' 하면서 놀라기도 했는데 지금은 배우지 않고도 행할 수 있는 본래의 능력을 뜻하는 '본능'의 힘이 얼마나 엄청난지 실감하고 있기 때문에 더 이상 그때처럼 놀라지는 않게 되었습니다. 그런데 돌을 깨서 무기를 만들었던 원시인들은 어떻게 돌을 갈아 무기로 만들 생각을 했을까요? 저는 인간의 선천적인 성질인 효용성에 대한 감각에 그 대답이 있다고 생각합니다. 다시 말해서 돌을 깨서 무기를 만드는 것보다 돌을 가는 것이 더 정교한 무기를 만들 수 있는 방법임을 그들은 직관적으로 깨달았을 것이라고 저는 생각합니다. 그리고 그렇게 돌을 갈아 무기를 만든 것이 돌을 깨서 무기로 만든 것과 연속성이 없는 것처럼 보여도 저는 그 둘 사이에 연속성 내지 연관성이 있다고 짐작하는데요. 그 이유는 비록 눈에 보이지는 않지만 어떤 속성에 대한 무의식적인 사유와 의혹이 개입되었고 그 속성에 정신을 집중하여 어떻게 하면 더 정교하고 쓸모 있게 바꿀 수 있을 것인가를 의식적으로, 때로는 무의식적으로 생각한 결과 갑자기 문득 '아, 이렇게 하면 되겠구나!' 하는 직관적인 통찰을 경험할 수 있었을 것으로 생각합니다.

다시 돈의 기능과 관련해서 말씀드리자면 저는 자본주의 사회의 분위기 때문에 주객이 전도되어서 슬프게도 인간이 자기의 욕구에 맞춰 돈을 쓰는 주체가 아니라 이른바 돈의 노예가 된다고 생각합니다. 그런 정신적, 심리적으로 불구인 상태를 그리스 로마 신화 속 헤파이스토스가 대변한다고 저는 생각합니다. 우선 그는 아내인 아프로디테를 거들떠보지 않았다고 하는데 제가 해석한 바로는 삶의 즐거움과 아름다움을 대변

▲ 그리스 아테네에 위치한 헤파이스토스를 기리는 신전

한다고 생각되는 아프로디테를 거들떠보지 않은 헤파이스토스는 삶의 건강한 즐거움이나 기쁨 같이 돈으로 환산할 수 없는 삶의 가치를 거들떠보지 않고 그저 돈 되는 물건만을 생산하느라 자신의 삶을 제대로 돌보지 않는 전형적인 자본주의 사회의 인간을 가리키는 것처럼 느껴집니다. 그렇게 삶의 건강한 즐거움과 기쁨을 돈이 되지 않는다고 무시한다면 그에 대한 반응으로서 선천적인 이성이 작동하기 시작할 텐데 그 느낌은 마치 손가락으로 자신을 가리키면서 도대체 '왜 사니?'라는 질문 같은 성질의 것이라고 저는 생각합니다. 저는 선천적인 이성의 기능 중 가장 중요한 기능이 이유를 묻고 찾는 것이라고 생각합니다. 하지만 유교적인 사회 질서에서 온전히 벗어나지 못한 한국 사회에서는 이 '왜?'라는 질문에 대해 답하는데 무척이나 인색하다고 생각합니다. 봉건적인 신분 질서에서는 형식적으로 벗어났지만 실제로는 몸에 밴 유교적 질서에서 벗어나지 못한 사람들은 나이나 직책 게다가 소유한 부의 정도에 따라서 위아래를 구분한 뒤 아래에 있다고 생각하는 사람이 그에 대해 이유를 물으면 불쾌해하기도 하는데요. 사실 따져 보면 이유를 묻는 질문을 받은 사람도 자신이 왜 그렇게 생각하는지 '이유'를 찾을 수 없어서 당황스러울 수도 있습니다. 그리고 그런 질문을 한 사람에 대해 불쾌감을 느껴서 그에게 불이익을 주기도 합니다.

망설임과 윤리적 정서

앞서 저는 무엇을 만들어 내는 이유에 대한 감각이 선천적이라고 말씀드렸습니다. 그런데 어떤 행동들이 범죄로 여겨지는 이유도 학습을 통해서가 아니라 선천적이라고 말씀드리고 싶습니다. 그 이유는 학교 도덕 시간에 배우지 않아도 직관적으로 느낄 수 있는, 이를테면 '내가 이런 짓까지 해야 하나?' 하는 망설임, 그 행동에 대한 반감과 두려움, 그리고 그런 행동을 저지르고자 하는 자신에 대한 역겨움 등의 선천적인 정서를 느낄 수 있는데 학교 도덕 시간에 이런저런 행동이 옳지 못하다고 배워도 그에 수반되는 윤리적 정서마저 학습시킬 수는 없기 때문입니다. 그래서 저는 인간이 인간으로서 여겨지려면 반드시 윤리적인 본능을 무시해서는 안 된다고 생각합니다.

그런데 윤리란 어떻게 성립되는 것일까요? 강박증에 걸린 사람들은 흔히 완벽함을 추구합니다. 그래서 자신이 완벽해진다면 모든 사람들로부터 인정과 사랑을 받을 수 있을 것이라고 생각합니다. 그런데 이를 윤리적 측면에 대입해 보자면 '과연 인간은 완벽한 윤리를 갖출 수 있을까?' 하는 의문이 제기될 수 있습니다. 이때 윤리라는 개념은 '완벽한'이라는 꾸밈말 때문에 힘을 얻기는커녕 마치 무거운 돌덩어리에 눌린 듯한 느낌으로 다가옵니다. 그 이유는 아무리 해 봐도 완벽하게 윤리적으로 살 수 없다는 심한 무기력감 때문일 것입니다. 그리고 이때 윤리란 일상을 살아가는 평범한 인간의 한계를 훨씬 넘어서는 폭군과 같은 성질로 바뀌어 버리기도 합니다. 앞서 저는 선천적인 성질의 윤리라는 표현을 썼습니다. 이때 선천적인 윤리란 옳고 그르다는 범주적인 판단인데요. 그건 마치 여러 가지 속성들을 품고 있는 씨앗처럼 기본적인 윤리적 속성들을 담고 있기는 하지만 성장을 통한 발전 가능성이 필요 없을 정도로 완벽한 것은 아닙니다. 여기서 잠깐 다른 말씀을 드리자면 어른인 우리는 흔히 '아이들은 순수하다, 천사와 같다'는 표현을 무심코 쓰곤 하는데 저는 아이들이 지독한 이기주의자이자 건강한 이기주의자라고 생각하는 편입니다. 이 말은 떼를 쓰는 아이들에게도 적용할 수 있을 텐데요. 그때 저는 그 아이를 가리켜 순수한 아이 말고 '정직한' 아이라고 표현하고 싶습니다. 왜냐하면 그 시기의 아이는 자신의 정직한 욕구를 밖으로 표현했지만 부모가 그 욕구를 아이의 고유하고 정직한 욕구로 제대로 인정해 주지 않거나 심지어 부모의 기준에 맞춰서 아이의 욕구를 억눌러 버릴 때 자신의 정직한 욕구를 표현하기 위해 떼를 쓰는 것이기 때문입니다.

저는 어린아이들의 이기적인 태도가 정직할 뿐만 아니라 이

▲ 〈대장장이 신이자 불의 신 헤파이스토스〉, 기욤 쿠투, 1742년, 프랑스 루브르박물관 소장

타주의를 성숙시키는 예비 단계라고 생각합니다. 그건 거칠게 비유해서 심한 몸살을 앓아 본 사람만이 다른 사람이 몸살을 앓고 있을 때 그 사람의 상태를 머리가 아닌 몸의 기억으로 충분히 동감할 수 있기 때문입니다. 그래서 그는 가능하기만 하다면 옆에서 차가운 물도 건네주고 약도 챙겨 주고 먹을 것도 마련해 주려는 준비 자세가 갖추어져 있을 것입니다. 언제 무슨 이유로 그런 욕구가 생기는지 몸에 기입된 기억의 흔적을 통해서 말이지요. 하지만 그 아이가 언제나 몹시 떼를 쓰지는 않을 것입니다. 다만 자신 안에서 어떤 특정한 욕구가 생겨났을 때 자신의 힘으로는 그 욕구를 충족시킬 수 없음을 깨닫고 어른인 부모, 특히 자신의 보호자인 엄마를 통해서 자신의 욕구를 충족시키고자 엄마한테 표현하는 것이겠지요. 하지만 이런 이기주의가 인간적인 이타주의와 연결되기 위해서는 반드시 합당한 근거를 들면서 왜 지금 안 되는지 아이에게 간단하게라도 설명해야 할 것입니다. 제가 가끔 쓰는 표현이지만 부모, 특히 엄마는 아이들의 시녀도 하녀도 아니라고 생각하기 때문에 설명을 통한 금지를 할 때 아이가 '엄마가 나한테 지겠지?'라고 생각하면서 계속 떼를 쓴다면 엄마도 너와 같은 인간임을 아이에게 표현할 필요가 있는데요. 이때 느껴지는 마음속 화나 짜증을 날 것 그대로 드러내지 않으면서도 엄마가 너 때문에 정말로 화가 났다는 표현을 지나치지 않게 밖으로 표현할 필요가 있다고 저는 믿습니다. 그게 억지로 마음을 누르면서 애써 다정한 목소리로 아이를 설득하려고 하다가 더 이상 속의 화를 참지 못하고 꽝 터져 버려서 엄마와 아이의 관계가 심각하게 틀어져 버리는 것보다는 훨씬 낫다고 생각하기 때문입니다.

그런데 윤리는 하나하나 가르쳐야만 하는 것일까요? 그렇다면 엄마가 자기 아이가 실수할까봐 옆에 바짝 붙어서 꼬치꼬치 윤리적 내용을 가르치려 들면 왜 아이들은 귀찮아하고 성가시게 느끼고 짜증을 내게 되는 것일까요? 그렇다고 저는 아이에 대한 훈육이 필요 없다고 말씀드리려는 것은 아닙니다. 다만 가뭄이 들었을 때 또는 화분에 들은 흙에 영양분이 부족할 때 적당히 물을 주고 흙을 갈아 주어야 하듯이 자신의 어린 시절을 돌이켜 보면서 아이에게 적절한 자유를 허용해야 할 것입니다. 그러지 않고 옆에서 일일이 간섭을 한다면 아이는 엄마의 도덕적인 말의 내용은 잘 기억할지 몰라도 그 내용에 덧붙여진 정서는 짜증이나 성가심 등일 것입니다. 하지만 윤리란 정서적인 측면과 욕구의 측면에 맞닿아 있어요. 게다가 선천적인 성질을 띠고 있기 때문에 누가 뭐라고 가르쳐 주지 않아도 자신의 행동에 대해 후회하고 때론 죄책감도 느낄 수 있습니다. 이런 제 말씀을 이상하게 여기는 분이 계신다면 한번 초등학교, 중학교 그리고 고등학교 시절이라는 긴 시간 동안 배운 도덕의 내용을 떠올려 보시기 바랍니다. 아마도 뭔가 있기는 있는데 잘 생각이 나지 않을 것이고 생각이 난다 하더라도 그저 암기를 통해 알게 되었을 뿐 마음과의 자연스러운 연관성이 느끼시기는 어려울 것입니다. 그러고 나서 자신의 행동을 규율하고 통제하는 자신의 윤리적 체계도 한번 곰곰이 생각해 보세요. 자신의 그 도덕적 또는 윤리적 체계의 내용이 과연 초중학교 때 배운 도덕적인 내용의 결과물일까요. 아니면 거꾸로 자신의 윤리적 체계가 먼저이고 '도덕 시간에 배운 내용이 이런 윤리적 행동을 가리키는구나!' 하는 판단이 나중에 이루어져 있는 것일까요?

사람은 왜 타락하는 걸까?

슬픈 이야기지만 세상의 악에 분노하고 희생자들에 대한 깊은 연민을 느낀 사람이 홀연히 그 악에 동참하게 되어서 사람을 깜짝깜짝 놀라게 하는 경우도 있습니다. 그렇다고 그가 예전에 가졌던 악에 대한 분노나 희생자에 대한 연민이 가짜라고 할 수는 없을 것입니다. 심리학을 공부한 저는 도대체 그 이유가 무엇인지 궁금했는데 어느 날 문득 이런 생각이 들었습니다. '저들은 악의 희생자들로부터 배신을 당한 것은 아닐까?' 하는 생각 말이지요. 우리 속담에 물에 빠진 사람을 구해 냈더니 보따리 내놓으라고 한다는 속담이 있는데 그런 식으로 연거푸 배신을 당했다면 그들에 대한 분노도 적지 않았을 거라고 짐작할 수 있습니다. 물에 빠진 사람을 구해 놓았더니 자기 봇짐을 내놓으라는 적반하장의 태도 때문에 말이지요. 게다가 그들은 장밋빛 미래가 곧 다가올 것이라고 믿었을지도 모릅니다. 그 누구도 부당한 대접을 받지 않고 억울한 일을 당하지 않으며 자유와 평등과 정의가 강물처럼 넘치는 사회에 대한 초조한 기다림 말이지요. 좀 엉뚱한 이야기지만 심리적인 질병에 조울증이라는 병이 있습니다. 쉽게 말해서 원치 않게 냉·온탕을 번갈아 가면서 경험하는 고통스러운 심리적 질병인데 그저 제 생각이지만 조울증에 빠져 버린 사람은 쉽게 가라앉지 않는 극도의 흥분 상태인 조증에서 장밋빛 미래만을 애타게 갈구하다가 이 비현실적인 상상이 힘을 잃으면 끝없는 나락으로 떨어지는 듯이 섬뜩하게 우울한 상태인 울증으로 빠져 버리곤 합니다. 그렇게 되는 이유는 눈을 감으려고 해 봐야 감을 수 없는 누추하고 못난 현실 때문일 텐데 조증의 비현실적인 환상 때문에 현실의 모습은 점점 더 누추하고 점점 더 못나보일 것입니다. 그들도 그 현실성은 애써 무시하면서 장밋빛 미래가 다가오기만을 애타게 기다렸을지 모릅니다. 그리고 그런 이유로 자신이 처한 현실이 곧 그렇게 바뀔 것이라고 스스로에게 사실상 강제하면서 좀처럼 다잡아지지 않는 마음을 억지로 다잡으려 했을지도 모릅니다. 그래서 자신이 처한 현실의 모습이 점점 더 역겨워지고 초라하고 못나 보였을 수 있습니다. 하지만 기대가 크면 실망도 큰 법이라서 그들은 마치 막다른 골목에 처한 것처럼 장밋빛 미래란 올 수 없다면서 심하게 낙담했고 그에 따라서 홀연히 세상의 악에 동참하게 되었을지 모릅니다. 이전에 가졌던 모든 희망을 잃어버린 채 말이지요.

저는 방금 '희망'이라는 단어를 언급했습니다. 그런데 어떤 희망은 망상이라고 달리 부를 수 있습니다. 그렇다면 그 기준은 무엇일까요? 여기서 잠깐 저의 오랜 지적 스승인 독일의 정신 분석학자 에리히 프롬이 쓴 책인《소유냐 존재냐》를 언급하

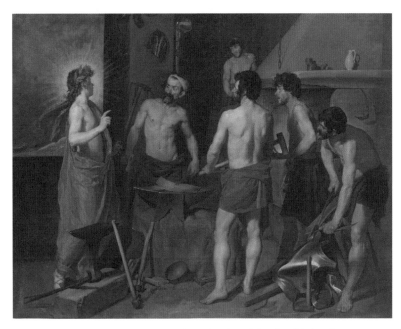

▲ 〈헤파이스토스의 대장간〉, 디에고 벨라스케스, 1630년, 스페인 프라도미술관 소장

고 지나가야 하겠습니다. 우선 소유라고 말하면 금방 어떤 특정한 물건의 소유를 떠올리시는 분들이 적지 않을 텐데 우리가 살고 있는 자본주의 사회에서 사람들은 소유할 수 없는 것, 즉 마음의 상태나 정서 등도 소유의 대상으로 삼으려고 합니다. 가장 흔한 예로 행복, 달리 말해서 행복감이라는 것을 소유하려는 경우도 있는데요. 감정은 특정한 이유로 마음속에 생겼다가 이내 또는 조금 있다가 사라지는 특성을 가지고 있어서 만약 이를 소유하려고 한다면 우리 마음은 그에 대한 정직한 반응으로 초조함, 불쾌감, 두려움, 혐오감 등의 다른 정서들을 나타낼 수 있습니다. 저는 이 말로 현실적인 가능성에 대해 말하고자 합니다. 즉 어떤 희망은 비록 애를 쓴다고 해도 이루어지지 않을

가능성을 배제할 수 없지만 현실 속에서의 가능성을 가지고 있는 반면 망상이란 순간적인 또는 일시적인 상태를 지속시키려는 욕망 때문에 비현실적입니다. 흔한 예로 '너는 나에 대한 사랑이 식었니?'라는 대중가요 속 노랫말에서 보듯이 사랑을 어질어질하고 가슴이 몹시 뛰는 마음의 상태라고만 생각하면서 고집한다면 마음속에서는 그런 고집스러운 사랑을 유지하기는 커녕 그 억지스러움에 대해 때론 심하게 반발할 것입니다. 좀 어울리지 않는 예를 들자면 피곤을 풀고자 사우나에 가서 온탕에 들어갔을 때 처음에는 몸이 풀리면서 편안해졌지만 어느 정도 시간이 흐르면 더 이상 그 쾌감은 유지되지 않아서 온탕을 나오고 싶은 충동이 드는 것에 비유할 수 있을 것입니다.

사랑이라는 이름의 의지

그렇다면 사랑이라는 감정은 나 자신이 통제할 수 없어서 그에 대한 책임도 질 수 없는 것일까요? 우선 저는 사랑한다는 감정이 그저 단색으로 이루어졌다고 생각하지 않습니다. 사람마다 결은 다소 다르겠지만 처음 마음에 드는 사람과 사랑을 할 땐 가슴이 뛰고 심하면 가슴이 벅차오르기도 하고 얼굴에 붉은빛마저 띨 정도로 흥분 상태일 것이라고 생각합니다. 그런데 이는 사랑이라는 추상적인 개념을 온전히 충족시키기에는 많이 모자라 보일 정도인데 이유를 노골적으로 말하자면 그 감정은 일종의 성욕이기 때문입니다. 물론 이 말로 성욕이란 추잡한 것이라거나 가치 없는 것이라고 비하할 생각은 조금도 없습니다. 다만 사랑이란 감정은 말로 표현하기 힘들게 여러 가지 감정의 결과로 욕구의 결들이 어우러져서 마치 물결처럼 움직이는 감정이라는 점을 밝히고 싶습니다. 그리고 사랑이라는 감정이 맹목적이라고 생각하시는 분도 계실지 모르는데요. 고리타분한 말로 비칠지 모르지만 사랑에는 행동이 따라야 하고 그 행동의 영향을 받았을 때 사랑이라는 감정도 그 결들이 바뀌면서 변하더라도 본질은 변하지 않을 수 있다고 생각합니다.

저는 방금 사랑에 대해 언급했는데 사랑과 분노는 짝을 이루어 작동한다고 생각합니다. 이 표현이 이상하게 들릴지도 모르는 분들을 위해 설명하자면 악을 저지르는 사람과 그로 인해 피해를 보는 사람의 경우를 생각해 볼 수 있어요. 우선 악을 저지른 사람에게 분노의 감정이 일려면 그 악에게 피해를 당한 사람에 대한 측은함과 가엾음을 먼저 느껴야만 한다고 저는 생각합니다. 그렇지 않고 악을 저지른 사람에게 분노한다면 그 분노는 무엇 때문에 생기는 것인지 설명할 수 없다는 모순에 빠지고 맙니다. 그런데 만약 여리고 여릴지라도 희망이 없다면 과연 분노가 생기거나 유지될 수 있을까요? 만약 희망이라는 것이 전혀 없다면 분노의 자리에 대신 들어서는 감정은 낙담이나 체념일 것입니다. 하지만 인간에게는 어찌 바꿔 볼 수 없는 분노라는 선천적 감정이 있습니다. 그래서 체념하고 낙담해도 자기도 모르게 다시 부당함에 대해 분노하게 되는데 여린 희망이라도 없다면 그 사람은 모든 것을 없애 버리고 싶은 파괴성에 휘둘릴 것입니다. 그 파괴성이 자신에게로 향하면 자해나 길고 긴 고통을 끝내려는 자살로 이어질 수도 있습니다. 사실과는 달리 억지를 써 가면서 남 탓만을 하거나 거꾸로 자기 탓으로만 여기라고 스스로에게 강요하다가 말이지요.

저는 양심에 두 가지 차원이 있다고 생각합니다. 첫 번째는

▲ 〈헤파이스토스와 아프로디테〉, 조반니 바티스타 디에폴로, 1760년

옳고 그르다는 범주적 판단이지만 두 번째 차원은 안쓰럽고 측은하다는 정서적 차원일 것입니다. 즉 비록 나의 생각과 그것을 통한 행동이 옳더라도 상황을 고려했을 때 그 옳은 행동으로 인해 적지 않은 상처를 타인에게 끼칠 수도 있다는 복합적인 실체 말이지요. 저는 방금 '상황'이라는 표현을 썼는데 그 상황을 고려하고 판단하는 기능은 도구적 이성이 맡을 것이라고 추측합니다. 즉 이 상황이 무슨 이유로 벌어졌는지, 그 상황 속에서 사람들은 어떤 영향을 받게 되는지, 그리고 그 상황에 대해 내가 개입하는 것이 다른 사람들에게 어떤 영향을 끼칠지 등을 고려했을 때 행동을 나타내는 것이 단면적으로 옳을지라도 그로 인해 원치 않게 어떤 타인이 마음에 상처를 입을 것이라고 예상한다면 그 측은함 때문에 망설이다가 차마 행동으로 옮기지 못할 것입니다. 반대로 나의 행동으로 다른 사람의 마음을 다치게 하더라도 그렇게 하는 것이 더 바람직하다고 판단된다면 용기를 내서 그를 행동으로 옮기려는 의지적인 태도도 필요할 것입니다. 그런데 얼핏 이 두 가지 태도가 서로 대립되는 것처럼 보이지만 섞여서 표현될 수 있는데 이를테면 직설적인 표현을 삼가면서 에둘러 상대방을 비판하거나 불쾌한 표정을 감추지 않은 채 입을 다물어 버리는 행동이 그에 포함될 것입니다.

저는 앞서 양심은 선천적인 성질을 가지고 있다고 말씀드렸습니다. 양심이 선천적이라 함은 마치 '둥글다는' 언어적 표현을 모르더라도 눈에 들어온 원 모양의 공을 둥글게 '느낄' 수 있다는 사실과 매우 비슷합니다. 이에 대해서 학습 심리학의 연합 학습 과정을 빌려 말씀드리자면 아주 어린아이에게 네모난 판에 그려진 원이나 공 그림을 가리키면서 '공은 둥글다.'라는 속성을 언어적으로 연합시키는데 만약 둥글다는 속성을 시각을 통해서 선천적으로 느낄 수 없다면 그런 연합 학습은 애당초 불가능할 것입니다. 그와 비슷하게 선천적인 양심에도 불문율과 같은 규범적 내용이 포함되어 있지만 구체적인 현실 속에서는 종종 반드시 생각과 판단의 과정을 거쳐야 하는 경우들이 적지 않습니다. 이를테면 얼핏 보기에 옳아 보이더라도 그 내용을 곰곰이 따져 보면 반드시 옳지는 않다는 판단을 내릴 수 있는데요. 이를테면 어느 페미니즘적인 태도인 '여성도 남성과 같이 인간으로 대접받아야 마땅하다.'는 윤리적 규범이 옳아 보이지만 남성을 적으로 몰면서 혐오하는 태도까지 옳다고 판단내릴 수는 없을 것입니다. 이를 우리는 '윤리적 절충주의'라고 부를 수 있을 것입니다.

인간성
그리고 동물성

　　　　　　그리고 선천적인 이성이 어떤 문제에 대해 '왜?'라고 묻는다면 도구적 이성은 그에 대해 답변을 하려고 할 텐데요. 이는 오성, 즉 도구적 이성이 먼저 관련된 상황이나 문제를 파악하고 이해한 뒤 이런 상황에 어떻게 윤리적인 판단을 내릴지를 다시 선천적인 윤리적 이성에게 되묻는다고 저는 생각합니다. 이때 선천적 이성이 그것은 옳지 않다거나 실현될 가능성이 거의 제로에 가깝다는 판단을 내리면 도구적 이성은 이에 화답하면서 그 상황에 맞는 도구적인 해결책을 다시 찾아볼 것입니다. 이를 우리의 일상으로 옮겨 풀어 보면 어떤 상황이나 문제에 직면했을 때 그 상황을 개선하거나 문제를 풀려고 고민할 수 있습니다. 그래서 머리를 굴려서 해결책이나 개선책을 생각해 내려고 하는데 문득 어떤 해결책이나 개선책이 생각나더라도 그 방법이 자신에게 너무 벅차거나 가까운 사람을 다치게 할 수도 있는 방법이라면 더 이상 그 방법에 대해 생각지 않고 다른 해결책이나 개선책을 다시 생각해 보려는 경우와 일치합니다.

갑자기 뜬금없는 말이지만 왜 그리스 로마 신화에서는 선천적인 이성을 상징하는 아폴론이 최고신이 아니라 심한 바람기 때문에 아내 헤라를 속 썩이는 제우스가 최고의 신일까요? 물론 저의 해석입니다만 저는 인간이란 인간성과 함께 동물성도 가지고 있는 존재이기 때문이라고 생각합니다. 사실 정직하다는 것은 자신의 욕구를 있는 그대로 인정하는 태도를 가리킬 것입니다. 그리고 이는 동물성의 측면에서 설명할 수 있을 텐데요. 흔히 우리는 인간의 동물성을 천시하고 무시하고 심하면 억압하려고 하지만 저는 인간성이 동물성과 떼려야 뗄 수 없는 속성을 가짐으로써 만약 건강한 동물성을 천시하고 억압한다면 그에 따라 불가분의 관계를 맺고 있는 인간성도 타락할 것이라고 생각합니다. 그 이유는 인간성이 동물성으로부터 파생되고 발전한 속성이기 때문인데요. 이를테면 싫거나 좋다는 판단은 동물성으로부터 파생된 것이어서 그런 호불호의 상태에 대해 필요 없이 거짓말을 한다면 동물성은 이에 반발할 것입니다. 그래서 자신의 거짓말에 대해 불쾌해하는 반응을 느낀 사람이 다시 그 반응을 무시하고 억압까지 한다면 방출될 통로를 찾는 동물성은 인간성이라는 속성을 제대로 거치지 않았기 때문에 때로는 범죄 행위로 변질될 수도 있을 것입니다.

그런데 동물성과 유기적인 관계를 맺고 있는 인간성의 중요한 속성은 처한 상황을 파악하면서 그 동물적인 충동을 밖으로 표현하는 것이 적절한지를 따져 보는 것과 그런 동물적인 충동 또는 욕구를 밖으로 표현하는 것이 부적절하다고 판단했을 때 우회로를 찾거나 그에 대해 합법적인 통로를 찾으면서 동물적인 욕구에 대한 즉각적인 충족을 삼가는 것입니다. 그렇다면 이 때 이성이 담당하는 기능은 무엇일까요? 이때 이성은 도구적 이성이 이해하고 납득한 정보를 바탕으로 옳지 않다는 판단을 내릴 것이지만 그 동물적인 욕구의 존재만큼은 범죄시하지 않고 인정하는 것입니다. 그래서 저는 제우스의 속성이 인간 발달 단계의 초석을 이루기 때문에 그리고 그에 대한 윤리적 판단을 선천적인 이성이 도구적 이성과의 협업을 통해 내리기 때문에 제우스가 최고신이 된 것은 아닐까 짐작합니다.

글을 맺기 전에 저는 인간의 욕구에 대해 말씀드리고자 합니다. 어떤 사람들은 인간에게 욕구가 없다면 이 세상에 파렴치한 범죄가 모조리 사라질 수 있을 것으로 생각하기도 하는데요. 저는 욕구 중에 가장 근본적인 욕구가 바로 살고자 하는 생존 욕구라고 생각합니다. 그래서 살고자 하는 욕구마저 없앤다면 이 세상에 단 한 명의 사람도 존재할 수 없을 것입니다. 그리고 저는 선천적인 인간의 욕구들이 있기 때문에 법적 질서도 생겨났다고 생각하는데요. 제가 독일에서 공부를 하던 어느 날 법학 박사 과정을 밟던 어느 지인으로부터 "법은 최소한의 도덕이다."라는 말을 듣고 고개를 끄덕인 적이 있습니다. 그 이유는 법으로 모든 윤리적인 행동을 통제하려 들면 끔찍한 '감시와 처벌'이 만연한 사회가 되어서 사람들은 그 스트레스를 견뎌 내지 못하고 모두 신경 쇠약에 걸려 버릴 것이기 때문입니다. 그런데 설혹 법의 규제를 받지 않더라도 할 수 있는 윤리적 행동이 있는데요. 이를 가능케 하는 것은 다름 아닌 선천적인 윤리적 이성과 그와 쌍을 이루는 우리 안의 여성성, 즉 측은함과 가엾음을 느끼는 선천적인 능력이라고 저는 생각합니다. 이를 바

▲ 〈헤파이스토스의 출현에 놀란 아프로디테와 아레스〉, 야코포 로부스티, 1555년경, 독일 알테피나코테크 소장

탕으로 인간은 법의 제재를 받지 않더라도 자신 안에 잠복해 있다가 나타나는 욕구의 실현을 삼갈 수 있을 것입니다. 그리고 그런 경험이 쌓임에 따라 우리의 양심은 좀 더 세련될 수 있을 것입니다. 역설적으로 들릴지 모르지만 그와 함께 선천적인 동물성을 바탕으로 서로 뗄 수 없는 관계를 맺고 있는 인간성이 더 바람직한 인간성으로 발전할 수 있을 것이라고 저는 생각합니다. 다시 강조해서 말씀드리지만 이때 중요한 점은 자신 안에서 느껴지는 욕구의 존재만큼은 정직하게 인정하면서도 인간성을 바탕으로 삼가야 할 때는 삼가서 동물성과 인간성이 적대적인 관계를 풀고 서로 연합해야 한다는 거예요. 그 결과 동물성이 건강하게 적절히 발현되고 그를 토대로 인간성이 이전보다 성장할 수 있도록 해야 한다고 저는 생각합니다.

욕구와
욕망을
구분하는 이성

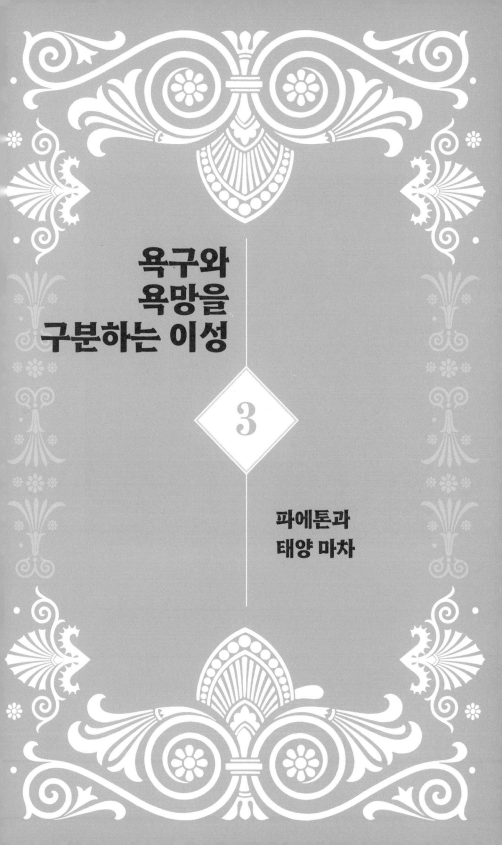

3

파에톤과
태양 마차

▲ 〈파에톤의 추락〉, 페테르 파울 루벤스, 17세기 전반, 벨기에 왕립미술관 소장

현실 보기와
현실 도피

　　우리는 흔히 직관적으로 용기와 무모함을 구분하곤 합니다. 그런데 무모함에는 끝이 없는 탐욕이 도사리고 깊이 숨겨진 열등감도 같이 존재해서 그 열등감을 마술적으로 보상하기 위해 무모한 시도를 하는 것 같습니다. 게다가 무모함은 현실 감각을 약화시키는 부작용도 있는 것 같아서 결과적으로 자신에게 물질적이나 심리적으로 손해를 끼치기도 합니다. 이런 현상은 조울증에 걸린 사람에게서 관찰할 수 있는데 조증이란 무척이나 흥분된 기쁨, 달리 말해서 도취 상태에 가까운 근거 없는 희열을 가리킵니다. 그런데 이 몹시 흥분된 기쁨이 달가운 것이 아닌 이유는 흥분이 좀처럼 가라앉지 않아서 사람을 힘들게 하거나 그런 상태에서 내린 결정이 비현실적인 낙관론에 근거하기 때문이에요. 그 결정은 결국 스스로를 파국이나 파탄에 이르게 해서 조증이 가라앉은 뒤에 땅을 치고 후회하기도 하고 이로 인해 더 깊어진 우울증이 나타나도록 합니다. 그런데 다시 조증이 찾아오면 이전의 무모한 낙관론에 대해 생각하며 조심하는 것이 아니라 다시 무모한 결정을 내려서 또 후회할 일을 만드는 악순환에 빠지게 됩니다. 이때 한 가지 의문이 드는데 그건 '어째서 그렇게 도취적인 흥분 상태에 빠지게 되는가?'입니다.

프랑스의 정신 분석학자인 자크 라캉은 인간의 정신세계를 현실계, 상징계 그리고 상상계로 나눕니다. 그리고 그 세 가지 세계의 경계에 정신적, 심리적인 누빔이 있다고 주장했는데 저는 이 이불의 누빔 같은, 어느 정도 개방된 심리적 경계로 현실을 바라보면서 그 현실 속의 모순이 어느 정도 처리된 인간 삶의 단면적 모습을 상상해 봐요. 그리고 그 상상을 바탕으로 어떻게 해야 그런 상태가 될 것인지에 대해서도 상상해 본 뒤 '~해야 한다.'는 원칙을 세운 상징계로의 반복적 이동이 가능하다고 생각합니다. 그런데 제 생각에 조울증 환자들의 정신세계에는 이 누빔이 특정한 측면들에서 거의 완전히 막혀 있는 듯이 보입니다. 그래서 몹시 기쁠 때 현실 감각을 잃지 않는 사람과는 달리 머나먼 곳으로 떠나간 듯 현실에서 철수한 다음 흐뭇하고 화려하지만 헛된 공상에 잠기게 된다고 생각합니다. 이때 현실 감각이란 완벽한 정답은 아니지만 물질적이나 심리적인 보상과 함께 예상되는 불이익을 내다볼 수 있는 능력을 가리킵니다. 그래서 저는 조울증 환자들이 못나고 모순투성이인 현실 때문에 이미 마음을 자주 다쳐 봤고 그래서 더 이상 그 현실을 제대로 보려 하지 않고서 그 반대편에 있을 것 같은 허구적인 공상에 빠진다고 생각합니다.

그리스 로마 신화에는 태양신의 아들인 파에톤이 친구인 에 파포스제우스와 이오의 아들 와 이야기하던 도중 그가 족보 자랑을 하는 것을 보고 자신도 헬리오스의 아들이라고 말했다가 놀림을 받게 됩니다. 그래서 파에톤은 어머니를 졸라 아버지를 찾아가서 자신이 그의 아들임을 증명하려고 합니다. 아들을 만난 헬리오스는 자신이 그의 아버지임을 밝히면서 그 증거로 파에톤의 소원은 무엇이든 들어 준다고 스틱스강에 맹세했습니다. 파에톤은 소원으로 아버지가 모는 태양의 마차를 몰게 해 달라고 졸랐는데 태양의 마차는 네 마리의 날개 달린 거친 천마天馬가 이끄는 마차로 조종하기가 매우 힘들어 태양신 헬리오스만이 몰 수 있었지요. 헬리오스는 자신의 맹세를 후회했지만 아침이 되자 아들에게 마차를 내어 주면서 너무 높지도 않고 너무 낮지도 않게 하늘의 중간으로만 몰고 가라고 신신당부하는데요. 새벽이 걷히자 드디어 파에톤은 태양의 마차를 몰고 하늘로 날아올랐습니다. 마차는 조정하기가 너무 힘들어 처음에 너무 높게 하늘을 날자 대지는 너무 추워 떨었고 그 다음에 너무 낮게 마차를 몰자 대지는 너무 뜨거워져서 모든 강물과 바다마저 말라버릴 지경에 이르렀습니다. 참다못한 제우스가 개입하여 벼락을 마차에 던졌고 파에톤은 그 벼락을 맞고 마차에서 떨어져 죽었습니다.

이 신화 속 이야기를 분석해 보았을 때 족보 문제로 친구와 다투다가 마음에 상처를 입은 파에톤이 자기가 태양신의 아들이라는 점을 증명하기 위한 마음이 들었다는 것은 지극히 정상적일 것입니다. 그 마음은 이를테면 속상함, 억울함 그리고 그런 정서를 동반한 분노를 포함하고 있을 것입니다. 물론 이 세상에 한 번쯤 속상하지 않거나 억울해 보지 않은 사람은 없을 것입니다. 그런데 이런 경험을 원치 않게 자꾸 하다 보면 그로부터 벗어나고 싶은 마음이 들 수 있습니다. 아주 자연스럽게 말이지요. 그런데 이때 현실 감각이 예민해질 수 있고 그 반대로 무뎌질 수도 있습니다. 다시 말해서 더 이상 누추하고 힘겨운 현실과 마주하기 싫어서 현실계와의 유기적인 관계를 상실한 상상계로 진입하려고 자꾸만 시도할 수 있습니다. 물론 상상계에서도 현실 속의 모습들이 나타나기는 하지만 그런 모습들은 당사자의 욕망에 따라서 현실 논리에 맞지 않는 이상한 방식으로 직조될 것입니다. 그런데 문제는 그런 몽상을 꿈꾸는 사람도 누추하고 못난 현실에서 완벽히 철수할 수 없다는 것입니다. 게다가 몽상은 오래 유지하기가 힘들어서 마치 잠시 허공을 맴돌다 이내 사라져 버리는 담배 연기처럼 그 사람의 머릿속에서 흩어져 사라질 것이고 그가 원치 않더라도 그는 다시 현실 속에서 삶을 이어 가야만 합니다.

중독과 근거 없는 낙관론

중독이라고 할 때 우리는 흔히 알코올 중독이나 도박 중독을 떠올립니다. 그런데 우선 이런 중독이 왜 발생하는지부터 따져 보면 중독 증상이라는 게 얼마나 비합리적인 강박 행동인지 알 수 있을 것입니다. 사람들은 흔히 살아가면서 확률적인 판단을 내리곤 합니다. 이를테면 어떤 대상을 취하고자 할 때 그 대상이 가져올 법한 이득과 함께 그로 인해 보게 될 손해를 같이 고려합니다. 그런데 기대되는 보상이 우연적이지만 크기가 엄청나게 크고 그로 인해 생길지도 모르는 불이익을 피할 수 없어도 복잡한 수학 문제처럼 계산하기 거의 불가능할 때 사람들은 '어쩌면'이라는 확률적 계산을 합니다. 이때의 계산에서 우연적인 보상은 크게 부풀려지고 그에 반해서 어쩌면 입게 될 손해는 과소평가되는 경향이 있습니다. 그건 다름 아니라 기대되는 보상이 엄청나게 크기 때문에 그 보상만 거머쥔다면 내 팔자는 핀다는 지나친 낙관론에 빠지기 때문이라고 생각합니다. 그런데 도박의 경우 판을 벌인 사람들은 여럿인데 한판에서 이득을 보는 사람은 단 한 명이고 보상을 얻더라도 그렇게 받았다는 경험에 기반을 두고 더 많은 돈을 거머쥐고자 우연에 가까운 도박을 마치 자기가 통제하고 있다는 착각에 빠져서 계속하다가 큰돈을 잃게 될 수 있습니다. 그리고 그가 연거푸 돈을 잃더라도 그건 우연의 결과라고, 다시 말해서 재수가 없어서 그렇게 된 것이라고 치부하면서 여태껏 잃을 만큼 잃었으니 이제는 다시 돈을 딸 때가 되었다는 비합리적인 낙관론으로 초조해진 자기 마음을 달래려고 시도하기도 합니다. 아무리 잃어도 딱 한판만 크게 따면 본전 회수는 물론이고 엄청난 이득을 볼 것이라는 근거 없는 낙관론에 기대서 말이지요.

이와 비슷하게 조울증에 걸린 사람도 근거 없는 낙관론에 기대어서 잘못된 확률 판단을 하거나 아예 합리적인 근거를 고려하지 않으면서 처한 현실을 판단하려 들지 않는다고 생각합니다. 이때 중요한 점은 자기가 우연을 통제할 수 있다는 환상에 빠지거나 아예 현실을 장밋빛으로 가공해서 현실 아닌 '흐뭇한 현실?'을 바탕으로 낙관론적 판단을 내릴 수 있다는 점입니다. 사실 우연이라는 것은 좋은 것도 있고 나쁜 것도 있지만 인간이 통제할 수 없는 성질의 것이어서 불안을 일으킬 수 있습니다. 그것이 좋은 우연일지라도 인간이 통제할 수 없기에 '과연 그런 좋은 우연이 내게 찾아올 수 있을까?'라는 생각으로 초조해지고 불안해질 수 있어요. 그와 마찬가지로 나쁜 우연도 '내게는 그런 우연이 닥치지 말았으면' 하고 불안해하면서 간절히 바랄 수 있습니다.

저는 방금 위에서 '근거 없는 낙관론'이라는 표현을 썼습니다. 그런데 '근거 없는'이라는 표현이 왜 붙은 것일까요? 우선 근거라는 개념부터 파악해 보면 당연히 몽상이나 망상 속에 존재하는 것이 아니라 '현실'에 있습니다. 그런데 현실은 그 속의 모순을 해결하고자 하는 인간적인 의지와도 깊은 상관관계를 맺고 있습니다. 이때 닥친 문제를 해결하려고 의지를 발동시킬 수 있지만 지나친 과욕은 의지와 현실의 관계를 미화해서 결국 좌절로 이끌 위험이 있습니다. 다시 말해서 내가 의지로 이 문제를 해결해 보려고 할 때 미처 생각하지 못한 요인과 함께 내가 어쩌지 못하는 우연적인 요인도 작용할 수 있다는, 어찌 보면 우울한 전망도 함께 할 때 그 요인들이 발생할지도 모른다는 각오를 할 수 있습니다. 이를 좀 더 자세히 설명드리기 위해 오래전 유대인이라는 신분 때문에 졸지에 정신과 의사 신분에서 강제 수용소 수감자가 되어 버린 오스트리아의 빅터 프랭클이 말한 사례 하나를 보자면 그는 강제 수용소에 갇혀 버린 두 집단을 비교했습니다. 한 집단은 기독교적인 신앙에 바탕을 두고서 "신은 우리를 버리시지 않을 테니 우리는 곧 이 끔찍한 강제 수용소에서 풀려날 것이다. 그러니 신께 우리를 해방시켜 주실 것을 기도드리자."라고 했고 다른 집단은 "우리는 빨리 이 강제 수용소에서 풀려나길 바란다. 하지만 이 전쟁이 언제 끝날지 모르고 어느 편이 승리할 것인지도 알 수 없다. 하지만 살아남고 싶으니 견뎌 보자."라는 태도를 가지고 강제 수용소에서 생활했다고 합니다. 끔찍한 제2차 세계 대전이 끝나고 두 집단의 생존율을 비교해 봤더니 예상과는 다르게 열악하고

▲ 〈태양 마차를 모는 헬리오스〉, 카를 브륨로프, 19세기

막막한 강제 수용소의 생활을 견뎌 낸 집단이 종교적인 신앙에 바탕을 두고 낙관적으로 전망을 했던 집단보다 생존율이 훨씬 높았다고 합니다.

그렇게 생존한 집단이 의지를 잃지 않을 수 있었던 이유는 바로 실낱같지만 현실성이 포함되어 있는 희망을 가지고 있었기 때문일 텐데요. 이때 희망이란 두 손 놓고 기다리기만 하는 로또 같은 성질은 아니어서 그곳에 다다르기 위해 무엇인가 해보아야 한다는 마음일 것입니다. 그 이유는 마냥 기다리기만 한다면 결코 얻지 못할 긍정적인 결과 때문일 것입니다. 사실 조금만 생각해 보면 그리 거창한 말이 아닌데요. 좀 식상한 예를 들자면 배가 몹시 고프거나 추위 때문에 덜덜 떨어서 피곤해 죽겠는데 몸 뉘일 거처는 없어서 막막하거나 절망스럽지 않기 위해서는 자신의 노동력을 팔아서 돈을 벌어야 해요. 이는 고통을 피할 목적으로 행하는 의지적인 행동이라고 할 수 있을 것입니다. 동의하지 않는 분이 계실지는 모르겠지만 그래서 저는 인간에게 뇌의 복잡한 작동을 통해 분비되는 스트레스 호르몬의 존재 이유가 있다고 생각합니다. 물론 스트레스 방어를 위한 생리적 장치에는 한계가 있어서 그 한계치를 넘어서는 스트레스 자극에는 불행하게도 그 장치의 작동이 붕괴될 수는 있지만 그런 끔찍한 자극을 우리는 평생에 걸쳐 단 한 번도 경험하지 못하거나 경험한다고 해도 그 횟수는 극히 적을 것입니다. 그런데 이 스트레스 호르몬의 분비도 의지에 바탕을 둔 희망과 밀접한 관계를 가지고 있는 것 같습니다. 이를테면 어떤 곤란하고 힘든 문제를 해결할 수 있을 것 같은 희망이 들 때 물리적으로 그 스트레스 자극의 수치는 동일하더라도 견뎌 낼 수 있는 정신적 심리적인 힘은 더 커질 수 있다는 사실입니다. 이를 풀어서 설명하기 위해 한 예를 들자면 늦은 밤 기술적 장애 때문에 멈춰 버린 승강기 속의 사람에게 휴대폰이 있어서 재난 상황을 119에 알릴 수 있는 경우와 핸드폰은 있지만 배터리가 모두 방전되어서 외부로 구조 연락을 할 수 없는 상황을 비교해 보았을 때 그 두 사람의 마음을 꽤나 잘 짐작해 볼 수 있을 것입니다. 물론 얼른 멈춰 버린 승강기에서 빠져나오고 싶은 마음은 같더라도 말이지요.

'욕구'와 '욕망'은 같은 것일까?

　　제가 중학생일 때 배운 영어 교과서에는 스파르타식 교육에 대한 내용이 들어 있었습니다. 그 내용의 대부분은 모두 잊어버렸지만 짧은 문장 하나는 아직도 기억 속에 남아 있는데 그건 '소년들이여, 야망을 가져라! Boys, be ambitious! '입니다. 군국주의 나라답게 유독 소년들에게만 야망을 가지라고 하면서 말입니다. 그런데 군국주의를 표방하는 스파르타에서 군대식 교육을 받은 소년들이 가져야만 했던 야망은 무엇이었을까요? 어쩌면 그건 자기 나라보다 열세인 다른 나라들을 침략해서 부와 권력을 빼앗아 거머쥐고 자기 나라에 편입된 식민지 국가 사람들을 노예로 삼아 편안한 삶을 즐겨야 한다는 야망이었을지도 모릅니다. 저는 주관적으로 이 야망을 욕구와 구분되는 욕망으로 바꿔 표현하곤 합니다. 그 이유는 욕구가 선천적이고 인간의 신체적 성장만이 아니라 정신적, 심리적인 성장을 부추기는 데 반해 욕망은 성취되고 나면 이내 무덤덤한 관습처럼 변하고 어떤 경우엔 타인의 수고로운 희생이라는 부당한 착취를 바탕으로 해야만 가능해질뿐더러 그것이 성장을 촉진하기는커녕 때로는 심한 타락으로 이끈다고 생각하기 때문입니다. 일례로 싸움에서 진 나라의 사람들을 노예로 삼은 로마인들은 자신의 손으로 수고를 들이지 않고서 노예가 차려 준 그득한 밥상을 비스듬히 누운 채 먹고 토하고 또 먹고 토하는 생활을 했어요. 그런 생활이 지겨울 때면 노예 검투사들이 목숨을 걸고 벌이는 잔인한 싸움을 관람하다가 한 검투사가 다른 검투사를 제압했을 때 그를 죽일 것인지를 황제에게 물으면 황제는 관중들에게 되물었고 그에 대해 로마 관중들은 엄지손가락을 아래로 내리면서 그를 죽이라고 요구하는 등 삶의 의미를 잃어버리고서 점점 더 깊숙한 수렁에 빠지듯이 타락의 늪으로 빠져들었습니다.

오해를 피하기 위해서 저는 돈과 권력이 필요 없다는 말씀을 드리고자 하는 바가 아니라 건강한 욕구와 끝없는 탐욕 간의 관계를 설명해 드리고자 한다는 점을 밝힙니다. 솔직히 말해서 돈이 없이는 단 며칠간의 생존도 불가능하고 권위는 본래 쓰임새대로 쓰일 때 건강한 성질을 띨 수 있기 때문입니다. 바보 같은 얘기로 들릴지는 모르겠지만 돈과 권력이 낭비되는 차원을 넘어서 오용되는 이유로 저는 돈과 권력이 삶의 의미와 건강한 관계를 맺지 못하기 때문이라고 생각합니다. 그건 명절날 고스톱을 치는 것과 수천만 원이 왔다 갔다 하는 도박판에서 도박하는 것과의 차이와 비슷할 텐데 저는 도박에 중독되는 이유가 허황된 낭만적 낙관주의 때문이기도 하겠지만 그보다 더 큰 이유는 녹록치 않은 삶에서 악순환을 그리며 도망만 치려는, 즉 자신에게 닥친 현실을 무작정 잊어버리려는 목적으로 도박을 하기 때문이라고 생각합니다.

물론 속상하고 불쾌한 경험을 기꺼이 하고 싶은 사람은 아무도 없을 것입니다. 그래서 우리는 그런 경험을 했을 때 '원치 않게'라는 표현을 쓰곤 합니다. 그리고 얼른 잊어버렸으면 하고 바라기도 합니다. 제 개인적인 생각일지는 모르겠지만 저는 그렇게 기억 속에 남아서 마음을 괴롭히는 자극이 잘 잊히지 않는 이유가 있다고 생각합니다. 제가 배운 심리학 이론을 빌려서 말씀드리면 원하던 원치 않던 머릿속에 입력되어 각인된 기억은 인지적으로만이 아니라 정서적으로도 처리가 되어야 합니다. 그런데 이런 의식적, 무의식적인 정보 처리가 힘들고 불쾌하다는 이유로 그 정보가 제대로 처리될 때까지, 그래서 한동안 잊고 있다가 관련된 자극을 받아 다시 기억이 날 때 얼굴빛이 좀 어두워지거나 눈물 한줄기가 주르륵 뺨을 타고 흐를 정도로 처리될 때까지 기다리지 않고 억지를 쓰면서 빨리 잊으려고 한다면 우리 뇌는 이에 저항하면서 계속 정보를 처리하려고 할 것입니다. 그 이유를 프로이트의 쾌락 원칙에 기대서 말씀드리자면 불쾌한 기억을 하루라도 빨리, 그것도 인지적으로뿐만 아니라 다친 마음을 정서적으로 처리한 다음 다시 이전의 '건강한' 상태로 회복하여 다시 삶을 계속하려는 본능 때문입니다. 그로 인해 마음에 어두운 상처는 남겠지만 말입니다. 하지만 당사자가 술이나 섹스 또는 도박 같은 중독성 행위를 계속하면 우리의 뇌는 방해를 받아서 오히려 그 처리 속도가 느려질 것입니다. 그래서 '왜 이렇게 오래 가는 거지?' 하면서 겁을 먹은 사람은 그 괴로운 기억을 인지적, 정서적으로 처리하기 위해 발생하는 심리적 고통을 억지로 잊어버리려 또다시 중독 행위에 빠져들고 우리 뇌는 연신 경고음을 발산할 텐데요. 그 경고음은 주로 광란적이고 도취적인 행위를 끝낸 늦은 밤 피곤해진 몸을 침대에 뉜 다음에 발산할 것이고 이는 잘못하면 불면증의 실마리가 될 수 있습니다. 왜냐하면 가장 편안한 시간에 경고음을 발산하는데도 누워서조차 그 솔직한 경고 메시지를 무시하거나 왜곡하거나 심지어 잊어버리려고 억지를 쓰기 때문일 것입니다.

의혹, 아름다운
인간적 능력

저는 욕구가 공격성과 관련을 맺고 있다고 생각합니다. 왜냐하면 욕구는 그 충족을 위해서 충족의 대상에게 주의를 집중하기 때문에 도피 체제는 작동하지 않거나 공격 체제와 유기적인 관계를 맺으면서 부수적으로만 작동할 것이기 때문입니다. 그런데 어떤 욕구의 충족은 그리 간단하지 않습니다. 왜냐하면 욕구 충족의 수단이 존재할 때 그 주변에는 위험한 요소들도 같이 있기 때문에 도피냐 공격이냐는 이분법적인 단순한 태도로 충족의 대상을 얻기 거의 불가능하기 때문입니다. 그래서 자신의 욕구 충족의 대상에 접근할 때 주변을 살피면서 피할 수 있는 것은 피하고 그렇지 못한 경우에 그 위험이 감당할만한 수준이라면 그 위험한 대상을 일시적인 목적으로 대하는데 우선 그 장애물을 제거하거나 여의치 못하다면 감수하려는 태도가 필요해 보입니다. 그건 그런 과정적 전략을 통해서 궁극적인 최종 목적을 달성하려는 태도인데 이때 절대로 빠져서는 안 되는 요소는 다름 아닌 '끈기'이고 그 끈기를 받쳐주는 것은 내려놓을 수도 없앨 수도 없는 불안한 희망일 것입니다. 그리고 또 하나 중요한 점은 이루었거나 이루지 못했다는 이분법적 도식이 아니라 기대에는 미치지 못하지만, 어느 정도 이루었다는 척도로 충족의 대상을 바라볼 필요도 있을 것입니다. 왜냐하면 삶은 호흡이 멈춰서 눈을 감을 때까지 연속적인 과정이고 중요한 점은 삶의 과정 속에서 다시 비슷하거나 좀 색다른 문제에 봉착할 수 있으며 이전에 어느 정도 성취한 경험을 바탕으로 다른 문제를 해결해 보려고 계속해서 시도해야만 하기 때문입니다.

그리스 로마 신화 속의 파에톤이 자기 아버지인 헬리오스를 찾아간 이유는 자기가 신적 존재의 아들이라는 사실을 확인하고 싶어서입니다. 오래간만에 아들을 만난 헬리오스는 파에톤에게 "네가 나의 아들이 맞다."라는 솔직한 이야기를 합니다. 그런데 파에톤이 오랫동안 잊고 있던 아버지를 찾게 된 동기는 자신이 헬리오스의 아들이라는 사실을 혼자만 알고 있는 것이 아니라 남들에게도 증명하고 싶어서였습니다. 그래서 헬리오스가 자기 아들에게 무슨 소원이든 들어주겠다고 하자 파에톤은 헬리오스가 매일 끄는 태양의 마차를 자기가 끌어 볼 수 있게 해 달라고 졸랐습니다. 자기가 헬리오스의 아들이 맞다면 당연히 아버지가 끄는 태양의 마차를 자신도 끌 수 있을 테고 이것이야말로 자신이 태양의 신인 헬리오스의 아들임을 부정할 수 없게 만드는 결정적인 증거라고 믿었을지도 모릅니다. 아니, 어쩌면 그의 마음속 한편에 남아 있는 '정말, 저분 말씀대로 내가 저 신적 존재인 헬리오스의 아들이 맞는 건가?'라는 불안한 의혹을 잠재우기 위해서였는지도 모릅니다.

파에톤이 그런 무리한 요구를 한 이유는 마음속에 드는 불씨 같은 의혹 때문이었을 것입니다. 즉 한 치의 의심도 허락하지 않는 확실성을 추구해서 마음속에 불씨처럼 존재하는 의혹을 완벽하게 제거하겠다는 탐욕 말이지요. 그런데 만약 파에톤이 태양의 마차를 끄는 데 성공했다면 그는 한 점의 의혹도 없이, 그러니까 더 이상 의혹이 일지 않아서 전혀 불안함을 느끼지 못하고 살 수 있었을까요? 좀 엉뚱한 이야기로 비칠지 모르지만 심리적 질병 중에는 건강 염려증이라는 것이 있습니다. 이 질환에 시달리는 사람은 자기 몸에 분명히 병이 들었다고 확신하면서 어떤 의사든 자신이 신체적인 질병에 걸렸다고 할 때까지 전전긍긍하면서 병원을 찾아 돌아다닙니다. 그 이유는 확실하지 않은 삶에 대해 겁을 먹고 있기 때문으로 보이는데 이를 불안과 연결시켜 얘기하면 전혀 불안을 느끼고 싶지 않다는 숨은 욕망의 탓으로 여겨집니다. 그리고 고소 공포증에 시달리는 사람은 비행기가 추락할까 봐 비행기를 타지 못하는데 이것도 전혀 불안하고 싶지 않다는 숨은 욕망 때문일 것입니다. 그런데 불안을 동반하는 이런 심리적 질환이 일반화되면, 다시 말해서 '버스를 타고 가다가 교통사고가 나면 어떡해? 지하철을 타고 가다가 오래전 일본에서 일어난 옴 진리교 신도들이 저지른 지하철 가스 테러 사건처럼 사고가 터지면 어떡해? 또는 잠을 자고 있는데 내가 살고 있는 아파트에 불이 나면 어떡해?' 같이 오만 가지 걱정으로 인해 더 심해지는 불안을 비켜 가지 못하면서 살아야만 할 것입니다. 물론 이런 경우 발생할 수 있고 없고의 차원으로 판단하면 발생할 수 있다는 쪽으로 판단이 기울 텐데 문제는 이분법적 도식에 근거한 판단이 아니라 정도를 나타내는 확률적 판단이 필요하다는 점입니다. 그래서 올바른 판단은 '그런 일이 생길 수는 있지만 경험적으로 그런 일이 발생할 확률은 지극히 낮다.'일 것입니다. 하지만 이를 달리 생각해 보면 아주 작은 확률로 그런 일이 발생할 수 있다는 확률적 사실을 부정할 도리는 없을 테니 그 확률의 가능성 때문에 생기는 작은 불안의 정체를 무시하거나 외면하지는 말아야 할 것입니다. 그런 태도를 취할 때 될 대로 되라는 식의 무기력함에서 벗어나 확률적으로는 일어날 가능성이 무척 작지만 이에 대비하려는 조심스러운 태도를 취하기가 가능해질 것입니다. 그리고 그렇게 할 때 생기는 불안은 그럭저럭 견뎌 낼 수 있는 수준에 머물 것입니다.

정신 분석학에는 '반동형성reaction formation'이라는 심리적 방어 기제에 대한 이론이 있습니다. 짧게 말해서 반동형성이란 진짜 자기의 마음을 인정할 수 없어서 겉으로 그 정반대의 태도를 보이는 성향을 가리키는데 저는 그 주장에 완전히 반대할 생각은 없지만 반동형성이 마음속의 갈등과 그로 인한 불안함을 스스로에게서 감추려는 헛된 시도라고 생각합니다. 인간의 마음은 결코 단색이 아니어서 경우에 따라서는 어떤 특정 대상에 대해 좋은 감정과 함께 싫은 감정도 느낄 수 있는데 만약 당사자가 그렇게 대립되어 보이는 마음의 결을 인정하고 싶지 않아서 한쪽 결만 인정하며 고집한다면 무시되고 억압된 다른 결은 이에 반발해서 더 증폭될 것이에요. 그렇게 될 때 당사자는

▲ 헬리오스의 머리, 그리스 로도스고고학박물관 소장

스스로에게 놀라면서 당황하게 될 텐데 문제는 그렇게 몹시 당황한 당사자가 그것 때문에 다시 무시당했던 그 마음의 결을 더 무시하고 억압하게 되어서 심한 경우 그 마음의 결을 애써 감추느라 남들 앞에서뿐만 아니라 자기 자신에게도 위선을 떨 위험이 존재할 것입니다. 다시 말해서 불안을 일으키는 다른 마음의 결을 말이지요.

인간적인 불안과
인간적인 의지

　　　　신화 속 파에톤의 마음은 어떤 상태
였을까요? 아마도 그런 화근을 불러일으킨 마음은 '인간적인'
불안과 두려움을 애써 부정하면서 신적인 존재가 되려는 마음
이었을 겁니다. 그리고 자신의 의지와는 무관하게 나타나는 그
런 감정들을 억지를 써 가면서 부정했을 것입니다. 하지만 그가
아버지를 만나기 전이나 만난 후에도 땅에 발을 붙이고 살 수
밖에 없는 한계를 지닌 인간이었다는 과거의 사실 때문에 생기
는 불안은 여전히 그의 마음 한편에 남아 있었을 것입니다. 그
런데 이런 불안과 두려움은 자연적인 성질을 가지고 있어서 인
간이 무모하게도 자신의 인간적인 절대적 한계를 벗어나려고
할 때 긴급하게 울리는 경고음의 형태를 취할 것입니다. 그건
육체적 생존을 위한 것일 뿐 아니라 정신적, 심리적인 생존을
위한 강하고 급박한 성질의 경고음일 것입니다. 물론 둘 다 달
가운 감정이 아니어서 피하고 싶어지는 것은 말할 나위 없지만
이때 불안이나 두려움이라는 정서를 정직하게 인정하는가 아

니면 애써 부정하는가에 따라서 선택지는 달라질 것이고 그에 따른 결과도 많이 차이가 날 것입니다.

인간은 본능에 따라서만 활동하는 다른 동물들과는 달라서 어느 정도 판단과 행동에 자유가 있습니다. 이것이 일견 좋고 흐뭇하게만 느껴질지도 모르지만 이 자유를 잘못 사용했을 때는 해방과 성장의 근간이 아니라 불행과 저주의 씨앗이 될 것입니다. 그 이유를 밝히자면 어떤 문제에 부닥쳤을 때 인간은 그로부터 마냥 도망칠 수도 그 문제와 대결할 수도 있는 존재이기 때문입니다. 하지만 그에 대한 결과까지 인간이 좌지우지할 수는 없어서 자신의 머리와 가슴 속에 남아 있는 문제로부터 마냥 도망만 친다면 결국 원치 않게 초조, 답답해지고 자신이 한없이 초라한 존재로 느껴질 텐데요. 결국은 더 이상 도망칠 수 없어서 신경 쇠약에 걸리거나 달콤한 중독 증상에 빠져버릴 수 있습니다. 사실 그 문제와 씨름하는 것이 손쉽기는커녕 많이 힘들 때도 있어서 몹시 피곤하고 지칠 수도 있습니다. 그렇다는 것은 휴식을 필요로 한다는 내적 신호입니다. 하지만 가만히 생각해 보면 어떤 중요한 문제가 닥쳤을 때 인간의 삶이 완전히 뒤바뀌어 버리는 것은 아니어서 울면서도 배가 고파 밥을 먹어야 하고 일도 해야 합니다. 그리고 그 문제가 항상 의식되는 것은 아니어서 한동안 잊고 있다가 다시 기억이 떠오르면 다시 그 문제에 정신적인 시선이 집중되어 고민하고 갈등하기도 합니다. 그렇게 고민하고 갈등하다가 자신도 모르게 딴생각에 빠져서 다시 그 문제를 의식하지 못하기도 합니다.

이때 한 가지 중요한 점은 그 문제로 인한 고통의 강도입니다. 그래서 처음에는 너무 막막해서 어찌할 줄을 모를 때 어떤 경우에는 우리의 정신과 마음이 이에 대한 기억을 봉쇄한 채 무의식적으로 그 문제를 어느 정도라도 처리하려는 것으로 보입니다. 그리고 실마리를 찾아내었을 때는 그 실마리와 함께 닥친 문제를 의식으로 돌려보내는 것 같습니다. 그렇게 될 때 우리는 여전히 그 문제가 완전히 풀리진 않았지만 강도는 줄어들어서 다시 한 번 힘을 내 그 문제를 해결하고자 시도할 수 있습니다. 그리고 그 문제로부터 마냥 도망치려는 목적이 아니라 피곤해지고 지쳐서 잠시 음악을 듣거나 단순한 일을 하는 식으로 휴식을 취할 목적일 때 우리 내면은 당연히 그 의도를 납득하면서 동조할 것입니다. 그런데 문제는 완벽한 해결책, 그러니까 다시는 그런 고민을 하지 않기 위한 해결책을 마련하려고 하는 경우입니다. 인간의 삶은 대부분 우연이 개입되는 확률적인 모습을 가지고 있어서 원치 않는 결과도 낳을 수 있습니다. 이 경우 그럼에도 불구하고 성장을 위해서 앞으로 나아갈 것인가 아니면 주저앉아 버려서 가던 길을 멈추고 퇴락할 것인가라는 선택지가 앞에 놓이게 됩니다. 당연히 그 선택이 가져올 것으로 예상되는 어쩔 수 없는 결과와 함께 말이지요. 그런데 성장을 위한 발걸음을 재촉하는 요소도 다름 아닌 불안과 두려움입니다. 왜냐하면 주저앉아서 더 이상 발걸음을 떼지 않는다면 앞으로의 삶이 어떤 불행한 모습으로 전개될지 '예측'할 수 있고 그에 대한 반응으로서 불안과 두려움을 느끼기 때문입니다.

저는 이렇게 생각합니다. 한국은 자유를 가장 우선적인 가치로 여기는 나라이지만 선택을 할 수 있는 자유는 가능해도 그 선택의 결과까지 인간이 자유롭게 결정할 수는 없어요. 그래서 뒤를 돌아보며 반성하는 능력과 함께 미래, 특히 가까운 미래를 어느 정도 내다볼 수 있는 예지의 능력을 바탕에 두고 처한 현실 속에서 그중 가장 나은 결과를 가져올 것으로 보이는 것을 선택해야 한다고 말이지요. 그리고 자유는 구체적인 삶과 따로 떨어뜨려서 생각할 수 없기 때문에 이미 선택해서 돌이킬 수 없는 과거의 경험은 미래의 모습에 영향을 끼칠 텐데요. '삶은 어찌해 볼 수 없는 흐르는 강물 같더라.'라고 생각하면서 이를 운명이라고 여기고 두 손을 놓아 버리는 경우도 있습니다. 하지만 곰곰이 돌이켜 보면 인간이 두 손 모두 놓고서는 살 수 없기에 울며 겨자 먹기 식으로라도 고단한 삶을 꾸려야만 하는 것이 부정할 수 없는 사실입니다. 하지만 더 나은 모습은 이미 돌이킬 수 없는 과거가 된 사건, 그래서 앞으로의 삶에도 일정 부분 영향을 미치게 되는 과거의 사건을 돌이킬 수 없다고 정직하게 인정하면서 그를 바탕으로 처한 현실 속에서 실제로 나에게 남아 있는 선택지가 무엇이 있을까를 고민해 보는 것이라고 저는 생각합니다. 왜냐하면 인간의 삶은 곧은 직선과는 무척이나 다르고 앞으로의 길도 완전히 정해진 것이 아닐뿐더러 사람의 삶에서 원치 않든 원하든 자신의 의지와는 상관없이 일어나는 우연이라는 요소를 빠뜨릴 수 없으니까 말이지요. 그래서 저는 이런 표현을 즐겨 씁니다. 원치 않게 닥친 문제 앞에서, 바로 그 지점에서 가까운 앞날의 모습을 바라봐야 한다고. 그것도 내가 원했든 원치 않았든 겪었던 과거 경험들의 힘을 바탕으로 하라는 표현을 말이지요. 이때 과거 경험들을 바탕으로 가까운 앞날을 보려고 하는 동기가 작동하는 것은 인간의 마음으로서 제아무리 쑤셔 박아 봐도 여전히 떨리는 신체적 반응일 텐데요. 이 떨림이 존재하는 한 인간은 부정할 수 없는 한계를 가진 건강한 인간적 존재임을 잊을 수 없을 것입니다. 그리고 그 인간적인 불안은 떨면서 희미하게 빛나는 여린 희망 쪽을 가리킬 것입니다.

인간의
탐욕

4

미다스의 손

▲ 〈미다스 왕〉, 안드레아 바카로, 1670년경

탐욕과 욕구는 같은 것일까?

우리는 흔히 하는 일마다 번번이 성공해서 엄청난 권력과 명예를 거머쥔 사람을 가리켜서 미다스의 손을 가졌다고 표현합니다. 그런 사람들을 그렇게 부르는 이유는 무엇일까요? 그리스 로마 신화에 등장하는 소아시아 프리기아 왕국의 왕 미다스는 술에 만취해서 자신의 정원에 쓰러져 있는, 술과 풍요의 신인 디오니소스의 스승 실레노스를 열흘 동안이나 정성껏 돌봐 줍니다. 그 사실을 안 디오니소스가 단 한 가지 소원만을 들어 주겠다고 하자 미다스는 자신이 만지는 모든 것이 번쩍이는 황금으로 변하게 해 달라고 간청했죠. 그 청을 들은 디오니소스가 그의 소원을 들어 주었다는 신화의 내용에서 미다스의 손이란 말이 비롯되었습니다. 순간적으로 생각했을 때 미다스는 얼마나 행복했을지 부러운 마음이 들 수 있습니다. 하지만 미다스의 간청을 들은 디오니소스가 "그 청은 별로 현명하지 않아 보이는데, 다른 소원을 말해 보지 그래?"라고 말했다는 점에서 불길한, 어쩌면 저주에 가까운 기운을 감지

할 수 있을 것입니다. 하지만 디오니소스의 경고에도 불구하고 미다스가 고집을 피우며 그 청을 거둬들이지 않자 결국 디오니소스는 경고를 남기고서 그 청을 들어 주게 됩니다.

한 나라의 왕이었던 미다스는 남부러울 것 없이 많은 재산을 가지고 있었을 것입니다. 어쩌면 워런 버핏처럼 평생 펑펑 써도 그 절반의 절반도 쓸 수 없을 정도로 엄청난 재산을 가지고 있었을지도 모릅니다. 이런 그가 왜 그런 소원을 가지게 되었을까요? 이 질문으로 재물에 대한 소유욕이 덧없기만 하다는 고리타분하고 식상한 격언 같은 말을 하려는 것은 아닙니다. 어쩌면 저의 생각에 동의하지 않는 분들이 있을지도 모르지만 저는 인간에게 돈, 그러니까 코 푸는 데도 별로 적당치 않은 얇은 종이인 화폐가 절대적으로 필요하다고 생각합니다. 돈에 미친 것처럼 곳간에 썩어 문드러질지도 모를 엄청난 양의 곡식을 쌓아 두고, 그리 높지 않은 직위임에도 체면을 차릴 수 있는 초시 시험에서 합격하기 위해 비싼 뇌물을 바치려는 사람들로 집이 북적이며 상당한 양의 번쩍이는 금화나 은화 또는 값나가는 도자기 등을 가지고 있는 사극 속의 양반 나리들을 보면서 혀를 차거나 심한 혐오감을 느낄 수는 있어요. 하지만 눈이 부슬부슬 내리는 몹시 추운 겨울날 서울역 근처 지하도에 얇디얇고 가장자리가 살짝 찢어진 신문지로 몸을 덮은 채 잠이 들어 있는 노숙자를 상상해 보면 돈의 가치를 만만히 여길 수 있는 사람은 거의 없을 것입니다.

제가 이 글을 쓰게 된 이유는 우리가 흔히 별 생각하지 않고 쓰는 인간의 '탐욕'에 대해 한번 곰곰이 생각해 보아야겠다는 생각 때문입니다. 그건 어쩌면 점 백짜리 고스톱과 한판에 엄청난 양의 돈이 오가는 도박판과의 차이처럼 그리 크게 다르지 않을지도 모릅니다. 우리는 흔히 비슷해 보이는 현상을 가르는 데 복잡한 수학식이 아니라 번뜩이며 떠오르거나 암묵적으로 결정된 사회적 관습을 따르곤 합니다. 탐욕도 이런 직관적 판단이나 사회적 관습의 영향에서 자유롭지 못한데요. 때론 경솔하게도 착실히 저축한 예금이나 적금을 털어서 위험한 투자에 돈을 쏟아 붓는 것을 보고 "저 사람, 욕심이 끝이 없어 보여."라고 말하기도 합니다. 물론 일거에 투자해서 몇 배에 달하는 큰돈을 모으려고 하는 사람이 전혀 탐욕스럽지 않다고 말할 수는 없겠지만 만약 왜 그런 위험한 투자를 하게 되었는지 속사정을 살펴보면 그 투자 행위가 여전히 위험하다고는 느껴도 그 사람이 탐욕에 사로잡혔다고 간단히 말할 수는 없을 것입니다. 이와 관련해서 제가 언급하고 싶은 표현은 다름 아닌 '쓸모'입니다. 이 쓸모는 당장의 쓸모도 가리키지만 예측하기 힘든 미래의 막연한 위험 때문에 생길 수 있는 쓸모도 포함됩니다. 그래서 우리가 소득을 전부 쓰지 않고 낮은 이자를 받으면서 은행에 돈을 맡기는 행동은 탐욕에 사로잡혀 무조건 돈만 아는 수전노와 같이 비합리적인 행위를 하는 것이 아니라 어쩌면 닥칠지 모르는 미래의 막막한 경우를 염두에 두고 하는 지극히 합리적인 행위입니다. 그래서 꽤나 오래전 젊은이들 사이에 유행했던 욜로족이라는 표현처럼 미래를 위해 아끼고 희생하지 말고 현재 자신의 행복을 가장 중시하며 소비하라고 부추기는 것에 고개를 끄덕이기가 쉽지 않습니다.

소유란 언제나
죄인가?

　　탐욕의 사전적 정의는 '어떤 것을 가지거나 차지하고 싶어 지나친 욕심을 내다.'이고 그 영어 표현은 'greed'인데 이 단어의 사전적 뜻은 무조건 더 많은 것을 가지려고 하는 '이기적인 욕망'입니다. 앞서도 말했지만 인간은 물건을 소유하지 않고는 생존 자체가 불가능한 존재입니다. 나무 향을 맡으면서 숲을 산책하다가 갑자기 쏟아지는 비 때문에 얼른 잎사귀가 무성한 나무 아래로 몸을 피하거나 우연히 탐스러운 과일을 발견하고서 허기진 배를 그럭저럭 채울 수는 있어요. 하지만 그건 예외적인 상황에서 가능할 뿐 다른 동물들과는 달리 가공되지 않은 천연의 자연 속에서 삶을 영위하는 것이 불가능하기 때문에 직접 자신의 손으로 만든 물건을 사용하거나 남의 수고로 만들어진 물건을 돈을 주고 사서 쓸 수밖에 없습니다. 그래서 소유한다는 것 자체가 반드시 나쁘다고 생각할 수는 없습니다. 그렇지만 탐욕을 뜻하는 영어 단어의 풀이대로 '더 많은 것을 가지려는 욕망'인데 이를테면 남의 눈을 의식해서, 다시 말해서 남들의 부러움을 사기 위해서 또는 명품을 구입하는 경우를 예로 들 수 있습니다. 즉 스스로에게 최면을 걸 듯이 '적어도 나는 이런 부류의 사람이야.'라고 여기면서 낮아진 자존감을 마술적으로 복원시키기 위해 명품을 구입하는 경우 말이지요. 게다가 아무도 명품을 걸친 자기에게 제대로 시선을 주지 않아도 주관적으로 남들이 명품을 걸친 나를 부러운 시선으로 쳐다본다고 느낌으로써 아주 짧은 순간 동안만 짜릿한 쾌감을 느낄 수도 있습니다. 그 순간적인 쾌감이 곧 사라지면 그 명품에 대한 관심을 이내 잃어버리고 마약 환자처럼 다시 새로운 명품을 계속해서 구입하면서 말이지요.

미다스의 손에 대한 신화에서도 그칠 줄 모르는 탐욕에 사로잡힌 미다스 왕의 얘기가 나옵니다. 저는 건강한 소유, 즉 필요를 느껴서 가지는 소유가 아니라 그저 게걸스럽게 물건을 마구 소유하려는 욕구는 일종의 강박 관념이고 끝없이 소유하려는 행동은 강박 행동이라고 생각합니다. 그 이유는 만일 그가 물건을 소유하려는 욕구를 억지로 참았을 때 마음속이 몹시 허전해지고 불안해져서 다시금 무작정 물건을 소유하려고 할 것이기 때문입니다. 이를 일종의 집착이라고 표현했을 때 집착이라는 마법에서 풀려나오는 유일한 방법은 자신이 탐욕스러운 욕구를 가지고 있지만 그건 밑 빠진 독에 물 붓기라는 점부터 정직하게 인정하는 것입니다. 그러고 나서 헛헛한 느낌이 전하는 내적인 메시지에 귀를 닫거나 왜곡하지 않고 그 이유를 조용히 들어 보는 것입니다. 이 경우를 프랑스 정신 분석학자 라캉의 주이상스jpoissance 개념을 바탕으로 설명하자면 이익과 손해를 비교하면서 그중 제일 나은 선택지를 선택해야 하는 경우를 생각해 볼 수 있을 텐데 그 선택지를 고른 결과 다른 종류의 이익을 포함하고 있는 다른 선택지들을 어쩔 수 없이 포기해야만 합니다. 그럴 때 우리는 갈등 때문에 잠시 망설여질지 모르지만 더 클 뿐만 아니라 건강한 이익을 위해서는 결단을 내려야만 합니다. 미다스 왕도 강물에 손을 씻기 전에 약간의 망설임을 느꼈을지도 모릅니다. 손만 대면 모든 것을 빛나는 황금으로 변하게 하는 희한한 능력을 상실하게 된다는 사실 때문에 말이지요. 하지만 저는 미다스가 그럼에도 불구하고 용기를 내서 강에서 손을 씻을 수 있었던 이유는 그로 인해 자신의 편안함과 안락함이라는 건강한 이기주의적인 욕구를 충족시킬 수 없게 되었다는 절박함이 큰 몫을 차지했고 그로 인해서 큰 두려움을 느꼈기 때문일 것이라고 생각합니다. 더 이상 이렇게 살다간 큰일 나겠다는 절박한 위기의식 때문에 말이지요.

사람들, 특히 어느새 활짝 핀 꽃 같은 싱싱한 젊은 날을 뒤로하고 자신의 입에 들어갈 음식과 지친 자기의 몸을 뉘일 거처를 스스로 해결해야 하는 시기에 다다른 사람들, 그래서 어느새 감추기 힘든 잔주름이 눈가와 입매에 나타나고 젊은 날엔 하루가 멀다 하고 만나서 술을 마시거나 차 한 잔을 하면서 수다를 떨던 친구들과의 만남도 많이 뜸해진 무렵에 다다른 사람들이 때때로 무엇에 홀린 듯이 멍한 눈으로 "삶이 왜 이리 덧없고 공허하지?"라는 말을 내뱉기도 합니다. 그래서 저는 이렇게 생각합니다. 어떤 사람들은 가슴이 휑하니 뚫린 것 같은 헛헛하고 불쾌한 느낌을 간신히 잊어 보려고, 더 정확히 말해서 그 빈 가슴을 억지로 채워 보려고 쓸모도 별로 없는 물건을 마치 중독증에 걸린 사람처럼 사들일 것이라고 말이지요. 그렇게 할 때 속을 채운 것 같은 느낌을 아주 잠시 받긴 하겠지만 그건 마치 마약 중독자가 마약의 기운이 떨어진 뒤 심한 불안 때문에 몸을 몹시 떨면서 부들거리는 손으로 다시 마약에 손을 대듯이 잠시의 쾌락만 줄 뿐 마음은 점점 더 비어만 가는 악순환에 빠질 수 있습니다.

저는 위에서 공허한 삶이라는 표현을 썼습니다. 그런데 이때 이런 질문이 생길 수 있습니다. 텅 비어 있는 마음이라는 뜻을 가진 공허감은 도대체 왜 생기는 것일까요? 특히 여성은 결혼을 하게 되면 자기 이름을 제대로 내걸지 못하고 누구의 아내나 엄마로 살아야 하는 처지를 운명처럼 사회적으로 공유합니다. 그런데 어느새 중년의 나이에 접어들면 자신의 손으로 뒷받침하던 남편이나 아이들이 마치 먼 곳으로 떠나 버린 듯이 서먹서먹하고 어색한 관계가 되기도 하는데 이때 그런 여성들의 마음속에 찾아오는 것은 '내가 이렇게 살려고 결혼을 하고 아이들을 낳아 길렀나?' 하는 헛헛한 공허감이기 쉽습니다. 그래서 이제부터는 '나 자신을 중요시 여기면서 나의 삶을 살아야지.'라고 독하게 마음을 먹더라도 막상 행동에 옮겨 보려고 하면 막막하기 그지없는 느낌을 받을 수 있습니다. 그 이유는 설사 취업을 하고자 해도 나이 제한에 걸려서 지원서조차 낼 수 없는 경우가 태반이고 간신히 직업을 가진다 해도 음식을 차리고 설거지를 하고 빨래를 하고 집안 청소를 해야 하는 일은 아내와 엄마의 역할을 내팽개칠 수 없는 여성의 몫으로 여전히

▲ 〈참나무 가지를 금으로 바꾸는 미다스 왕〉, 니콜라 푸생, 16~17세기경

남게 되어서 때론 간신히 구한 직장을 때려치우고 싶다는 충동을 느끼게 될 지도 모르기 때문입니다. 그렇다고 남자들이 아내의 희생으로 자유를 만끽하면서 행복하게만 사는 것은 아닙니다. 왜냐하면 요즘 같이 살벌한 경쟁 사회 속에서 까딱하면 모가지가 날아갈지도 모른다는 위기감을 자주 느끼면서 오로지 가족의 적절한 생계를 위한 돈을 벌어다 주는 기계 취급을 받고 늦은 저녁 피곤함에 절은 몸으로 집에 돌아오면 아내가 차려 준 입맛에 맞는 저녁 식사를 하더라도 마치 자신이 눈에 보이지 않는 얇은 피막에 쌓인 듯 아내도 아이들도 마치 자신을 투명인간 취급한다는 고약한 느낌마저 받을 수 있기 때문입니다. 이런 경우 여자나 남자나 모두 속이 텅 빈 것 같은 불쾌하고 우울한 느낌을 받을 수 있는데 하필이면 왜 그런 경우에 공허감을 느끼게 되는 것일까요? 게다가 그 텅 빈 속을 채우지 않으면 안 될 것 같은, 마치 경고 같은 절박함도 함께 느끼게 되는 것일까요?

살면서 마주치는
고통과 여린 희망

　　동물의 왕국같이 동물들의 생생한 삶을 보여 주는 방송 프로그램을 보면 동물에게는 감정이나 욕구를 표현하는 얼굴 표정을 발견할 수 없습니다. 물론 출산을 하려고 할 때 고통스러운 울음소리를 내거나 먹이를 포획하려고 할 때 두 눈이 긴장된 눈빛으로 변하기도 하지만 인간의 표정처럼 자신의 감정이나 욕구를 생생히 표현할 수는 없습니다. 아니, 아마도 인간의 복잡한 감정과 욕구를 아예 가지고 있지 않기 때문에 그럴 것입니다. 그에 반해 우리는 비록 그 표정을 말로 정확히 표현할 수는 없더라도 표정만 보고도 그 사람이 화가 났는지 속상해하는지 아니면 슬퍼하거나 우울해하는지를 분간할 수 있습니다. 그리고 그 여러 감정이 미묘하게 섞인 상태도 느낌으로 추측할 수 있습니다. 그래서 공허감을 느낄 때 두 눈은 초점을 잃은 듯이 보이고 얼굴 표정은 반쯤 넋이 나간 듯하고 입은 조금 벌어진 듯한 표정을 짓습니다. 젊을 때 얼굴에 가득했던 생생함도 어디에다 잃어버린 듯이 보이고 말이지요. 그러나 그 표정을 좀 더 자세히 살펴보면 멍한 두 눈이 무엇인가를 찾는 듯이 보일 수 있습니다. 분명히 예전에, 어쩌면 아주 오래전에 그 또는 그녀의 두 눈 속에서 똑똑히 발견할 수 있었던, 아직은 막연하긴 하지만 완전히 희망을 잃지 않은 눈빛을 말입니다. 하지만 그 막막하게 슬픈 눈은 예전에 자신이 막연할지라도 희망을 품고 있었음을 똑똑히 기억하고 있을 것입니다. 아마도 그 기억 때문에 정작 본인은 제대로 기억하지 못해도 그 또는 그녀의 눈은 어쩌다 보니 놓쳐 버린 막연한 희망을 기억하기 때문에 슬픈 눈매를 지었을 것입니다.

그런데 그 또는 그녀는 젊은 날 무엇을 희망하고 있었을까요? 사람마다 처한 상황이 달라서 일반화해 말하기는 무리가 있겠지만 뭉뚱그려 표현하면 당장은 고생을 하더라도 흐뭇한 미래를 상상했기 때문이었을 것입니다. 그리고 그 막연한 희망 속에 담고 있는 모습은 좋은 직장을 구해서 마음에 드는 이성을 만나서 결혼하고 그리 널찍하지는 않아도 깨끗한 아파트에서 아이를 키우며 행복하게 사는 것이었을지도 모릅니다. 가슴을 마냥 들뜨게 하는 그런 행복한 미래를 꿈꾸면서 말이지요. 그리고 그 먼 희망의 힘으로 당장의 곤란함과 힘겨움을 버텨 냈을지도 모릅니다. 그러나 그 희망은 현실과 마주하면서 단단한 바위에 천천히 금이 가고 결국은 그 균열로 쪼개지듯이 점점 더 무뎌지고 약해졌을지도 모릅니다. 그건 마치 마라톤 주자가 다리에 힘이 풀리고 호흡은 거칠어질 대로 거칠어져도 이를 악물고 견디며 뛰다가 결국 더 이상 버텨 내지 못하고 그만 땅바닥에 주저앉아 버리듯이 '조금만 더 견디면 내게 행복이 찾아올 거야.'라는 심정으로 간신히 버티다가 어이없는 현실 앞에서 무너져 버린 것일지도 모릅니다. 젊은 시절 마음에 담고 있던 막연한 희망을 더 이상 보듬고 있지 못하게 하는 차가운 현실의 벽 앞에서 말이지요.

그렇지만 잠시 곰곰이 생각해 보면 삶이 녹록치 않다는 표현처럼 어느 누구도 고생을 하지 않거나 고단한 삶을 살지 않고 살아갈 수는 없습니다. 비록 재산이 많더라도 심리적인 고통을 단 한 번도 겪지 않고 살아갈 수는 없듯이 말입니다. 그래서 삶에 대해 어떤 자세를 취할 것인지에 대한 고민이 비록 힘들긴 해도 매우 중요한데 고생 끝에 반드시 낙이 찾아오지는 않겠지만 그 힘든 고생을 애써 견디다 보면 그 고통을 견뎌 냈던 경험은 자기 자신의 마음속에 고스란히 녹아들어서 앞으로 닥칠지도 모르는 비슷한 고통에 대처하기가 이전보다 좀 수월해질 수 있습니다. 그리고 텅 비어 공허한 마음도 그런 고생과 고통을 겪다 보면 자기도 잘 모르게 조금은, 아니 어쩌면 상당히 채워진 느낌을 받게 될지도 모릅니다.

탐욕과
삶의 의미

　　　　　　오스트리아의 정신과 의사이자 실
존주의 심리학자인 빅터 프랭클은 자신이 쓴《죽음의 수용소에
서》라는 책에서 그가 유대인이었다는 이유만으로 제2 차 세계
대전이 막바지에 다다를 무렵 아내와 함께 강제 수용소에 끌려
갔다고 밝힙니다. 그곳에서 아내와 생이별을 한 그는 아내가 죽
임을 당했다는 사실을 알고 깊은 슬픔에 잠겼지만, 모진 삶을
버리지 않은 채 그 끔찍한 조건들을 견뎠고, 나치의 패망으로
전쟁이 끝났을 때 강제 수용소에서 나올 수 있었습니다. 그가
창시한 심리 치료 기법의 이름은 '로고 테라피logo therapy'인데
로고스logos 가 라틴어로 언어와 이성을 뜻하지만 한국어로는
'의미 치료'라고 번역되었습니다. 그는 신경증과 정신증을 구분
하는데 신경이 예민해질 대로 예민해져서 작은 자극에도 깜짝
깜짝 놀라거나 히스테리적으로 반응을 보이는 신경증과는 달
리 정신증은 삶의 공허함이나 권태로움을 그 특징으로 한다고

그는 설명합니다. 그래서 그는 환자들에게 니체가 한 다음과 같은 말을 자주 했다고 합니다.

"살아야 할 이유를 아는 사람은 거의 어떠한 상태에서도 견뎌 낼 수 있다."

그런데 니체의 이 말 중에 '살아야 할 이유가 있는 사람'이 아니라 '살아야 할 이유를 아는 사람'이라는 표현에 저의 눈길이 잠시 머물렀습니다. 살아야 할 이유가 있는 사람이라는 표현은 그 반대편에 '살아야 할 이유가 없는 사람'이 있다는 뉘앙스를 풍기지만 살아야 할 이유를 아는 사람이라는 표현에는 이미 존재하는 삶의 이유를 그제야 발견했다는 뉘앙스를 강하게 풍겼기 때문입니다.

이 뉘앙스의 차이를 좀 더 생생하게 표현하기 위해 어릴 적 읽었던 〈파랑새〉라는 동화를 언급하자면 주인공 남매가 잃어버린 파랑새를 찾으려 이런저런 고생을 하다가 결국 그 파랑새가 집에 있는 것을 알게 되었다는 결말로 은유적인 끝을 맺습니다. 그런데 왜 집에 있는 파랑새를 뻔히 두고서 남매는 자신들의 파랑새를 찾아서 먼 길을 떠나게 된 것일까요? 우리는 본능적으로 행복을 꿈꿉니다. 그것도 막연히 말이지요. 그런데 위기가 찾아온 순간 그 위기를 해결하기 위해서 고민이나 갈등이라고 불리는 생각을 하게 됩니다. 그리고 그런 달갑지 않은 위기 속에서 우리는 자신의 손발을 놀려 어떻게든 벗어나고자 합니다. 이때 행복하기는커녕 마음이 조급하고 불행하기도 한데 이상

야릇한 현상은 그렇게 위기가 닥치면 우리의 집중력이 높아지고 근육은 팽팽해져서 긴장되고 알 수 없는 힘이 생긴다는 점입니다. 그리고 우리가 흔히 의욕이라고 불리는 심리적 현상도 함께 일어나는데 이때 의욕은 그 위기를 벗어나고 싶다는 충동의 힘을 그 바탕으로 하고 있습니다. 그리고 마찬가지로 중요한 점은 그 위기를 외면할 수 없다는 조건입니다. 그건 마치 무대 공포증이 있지만 무대를 떠나서는 살 수 없는 가수나 배우의 처지와 사뭇 비슷할지도 모릅니다. 그래서 위기에서 벗어나 보려고 이런저런 방법을 찾다가 결국 깨닫게 되는 것은 그 위기가 누구도 아닌 자기 자신이 처한 위기이고 궁극적으로는 스스로 그 해결책을 발견해야 한다는 것입니다. 다시 일상의 잔잔한 행복으로 돌아가기 위해서는 말이지요. 이때 그 행복이란 꾸물거리던 하늘에서 구름이 서서히 걷히면서 그 사이를 비집고 나오는 기분 좋은 햇살 같은 성질의 것이라고 저는 생각합니다. 그리고 다시 날이 궂게 될 수 있다는 사실을 인정해야 생기는, 슬프기도 한 조용한 행복일 겁니다.

▲ 〈미다스 왕과 디오니소스〉, 니콜라 푸생, 1630년경, 독일 알테 피나코테크 소장

실존주의적인
희망이란?

저는 앞에서 빅터 프랭클이 실존주의 심리학자였다고 말씀드렸습니다. 실존주의라고 하면 대표적인 인물로 우선 카뮈나 사르트르를 떠올리는 분들이 계실 텐데 실존주의의 유명한 명제 중에는 "나는 나의 의지와는 상관없이 이 땅에 내던져졌다."라는 말이 있습니다. 이를 풀어서 설명하자면 "나는 내 의지와 상관없이 태어났다."라는 너무 당연해서 맥 빠지는 표현일 텐데 실존주의는 그렇게 세상에 내던져진 운명을 타고난 인간이 지녀야 하는 삶에 대한 태도로서의 철학이라고 저는 이해합니다. 그리고 실존주의는 인간을 둘러싸고 있는 외적 환경과 떼려야 뗄 수 없는 관계를 맺고 있는데 이 외적 환경이란 우선 자기를 낳아 준 부모를 비롯한 형제자매로 구성된 가족, 나이가 차면 들어가야 하는 학교와 그 학교에서 만나게 되는 선생님과 친구들, 그리고 성인이 되면 자신의 생계를 직접 챙기기 위해 들어가는 직장과 그 직장에서 함께 일하는 상사 및 동료들 등으로 구성됩니다. 물론 광범위한 의미에서 사회나 국가 또는 국제 환경도 무시할 수는 없겠지만 말이지요. 이를 간단한 말로 풀이하면 사회적 관계라고 할 수 있을 것입니다. 그리고 그 사회적 관계를 맺고 유지하는 데에서 심리적인 문제가 발생할 수 있습니다. 하지만 이런 외적 환경을 제 맘대로 손쉽게 바꿀 수는 없기 때문에 인간은 두 갈래 길 앞에서 고민하고 갈등하기도 하는데 그 길이란 '이 열악한 환경을 힘겹게 인정하고 맞설 것인가' 아니면 '무작정 도망만 칠 것인가'입니다. 하지만 막연하게 흐뭇한 상상 속의 존재가 아니라 엄연한 사실로 이루어져 있는 외적 환경의 구속을 받는 인간이 취할 태도를 강조한 실존주의는 그 고단한 외적 환경을 인정할 것부터 독려합니다. 왜냐하면 피하고 싶어도 피할 수 없는, 게다가 그 환경에 노출되지 않더라도 기억 속에 남아 있는 외적 환경에서 도망칠 뾰족한 수가 없기 때문입니다.

실존주의적인, 즉 자신에게 실제로 닥친 문제 때문에 생기는 불안이 달가운 감정은 아닙니다. 뻔한 얘기지만 불안을 느낄 땐 조바심이 나고 어떤 경우에는 마치 깊고 어두운 숲속에서 길을 잃고 당황하면서 헤매는 듯하며 좀처럼 다른 일에 집중도 할 수 없기 때문입니다. 하지만 불안감이 들 때 그렇게 되는 이유는 지금 당장 닥친, 또는 당장 닥칠 것만 같은 위기에 집중하면서 대처하도록 우리의 정신과 몸이 강하게 권고하기 때문일 것입니다. 그건 마치 때를 놓쳐서 몹시 배가 고플 때 다른 일에 집중할 수 있기는커녕 머릿속에는 먹고 싶은 음식 생각만 가득한 경우와 비슷할 것입니다. 그와 마찬가지로 가슴에 헛헛한 공허함이 찾아와서 위기의식을 느낄 때도 우리의 정신과 마음은 계속 이대로 살다가는 좋지 못한 결과가 초래될 것 같다는 경고 메시지를 보내는 것 같습니다. 그리고 그 때문에 마음이 괴로워서 다른 일에 집중하려고 해 봐도 마치 질긴 스토커처럼 우리의 마음은 그렇게 억지로 정신을 다른 데로 전환하려는 것을 좀처럼 허용하지 않고 계속 경고음을 발하면서 우선 이 경고 메시지를 인정할 것을 요구합니다.

신약 성경에는 "사람은 빵으로만 살지 않고 하나님의 말씀으로도 산다."라는 말이 있는데 저는 이 말이 인간은 물질만으로는 제대로 살 수 없고 정신적인 활동이나 성취감이 반드시 동반되어야 한다는 말로 이해했습니다. 물론 물질적인 측면에서 자주 비교하고 비교당하는 속박으로부터 몹시 자유롭지 못한 한국 사회에서 정신적인 활동과 성취감으로 자존감을 지키기란 그다지 녹록치 않다는 점은 잘 알고 있습니다. 하지만 저는 인간이 궁극적으로 혼자라는 사실을 믿게 되었기 때문에 혼자 있을 때, 아니 여럿이 같이 있어도 자신에게 닥친 문제나 위기 때문에 혼자라고 느낄 때 자신의 머리를 쓰고 그에 대한 반응으로서 오롯이 마음을 느끼며 자신의 삶을 혼자서 살아갈 수밖에 없다고 생각합니다. 오해를 피하기 위해서 군더더기 같은 말을 덧붙이자면 필요할 때 남의 작은 도움을 받아가기도 하면서 말이지요. 신화 속 미다스 왕도 남들과 비교했을 때 비록 가진 재산이 엄청나게 많았겠지만 그가 가진 재물만으로는 정신적 만족감이나 성취감을 느끼지 못했을 것입니다. 그리고 그렇게 헛헛하고 공허한 마음을 마치 밑 빠진 독에 물을 붓듯이 더 많은 재물을 가지려는 행위로 헛되이 채우려고 했을지도 모릅니다. 물론 아무리 많은 재물을 가졌어도 새로운 재물을 얻게 되면 아주 순간적으로 짜릿한 쾌감을 느낄 수 있습니다. 하지만 그건 잠시의 고통을 잊을 수 있을 뿐 건강한 행복감이나 즐거움을 추구하는 것이 아니라서 고통스럽고 힘든 현실로부터 마냥 도망만 치는 행위일 것입니다.

앞서도 말씀드렸듯이 무 자르듯 돈을 추구하는 것은 나쁜 것이고 정신적인 가치를 추구하는 것은 선하고 옳다는 말씀을 드리려는 것은 아닙니다. 자신의 생존과 생계를 어느 정도 보장하려면 교환 가치를 가진 화폐가 반드시 필요하기 때문입니다. 하지만 한국인의 평균 노동 시간이 전 세계에서 2등이라는 사실에 비추어 볼 때 과연 자신이 번 돈으로 일상의 삶 속에서 어떤 삶을 살 것인지에 대한 문제가 제기됩니다. 물론 자신의 의지와는 상관없이 회사나 상사의 일방적인 강요로 장시간 일을 해야 하는 상황도 고려해야겠지만 말이지요. 그런데 더 심각한 것은 앞에서도 말씀드렸듯이 한국에는 신분 질서를 근간으로 하는 유교적 잔재가 음습하게 남아 있어서 나보다 높은 사람과 나보다 낮은 사람을 구별하려는 일종의 강박 관념이 깊게 배어 있는 것으로 보입니다. 물론 이제는 양반과 상인常漢의 형식적인 구분이 없어지긴 했지만 화폐의 소유 정도와 그 소유를 보장하는 권력을 끝없이 비교하고 비교당하기 때문에 내가 무시당하거나 굴욕감을 느끼지 않으려면 더 많은 화폐를 소유하고 그를 보장하는 더 높은 자리權力를 소유해야 한다는 강박 관념 말이지요. 그래서 그렇게 돈에 온 정신이 팔리는 바람에 정신적인 가치에는 좀처럼 눈길을 주지 못하는 것으로 보입니다.

매일 겪는 삶에는 의미가 있을까?

　　다시 빅터 프랭클의 얘기로 돌아가 자면 그는 정신적 공허함을 치료하는 데 의미 치료로고 테라피라 는 방법을 택했습니다. 그가 치료한 환자 중에는 남편을 먼저 떠나보내고 깊은 슬픔과 함께 정신적 공허감을 느끼는 노부인 이 있었는데 어느 날 프랭클이 그녀에게 이런 말을 건넵니다. "당신이 살아온 세월을 돌아볼 때 삶이 아무런 의미도 없었나 요?"라는. 그 질문을 받고 곰곰이 생각해 보던 그녀가 자신의 특별할 것 없는 지난 삶 속에 의미가 있었다는 것을 느끼게 되 었을 때 치료는 순조롭게 진행됩니다. 이 짧은 일화를 듣고 엄 청난 의미, 그러니까 남들이 우러러보게 되는 거창한 의미를 상 상하는 분이 계실지도 모르는데 그녀는 흔하디흔한 뻔한 일상 속에서 마치 어둡고 두려운 숲속의 조금 멀리 보이는 작은 불 빛을 발견한 것 같은 의미를 찾아냈습니다. 앞에서 저는 프랭클 이 자신의 환자들에게 니체가 한 말인 "살아야 할 이유를 아는 사람은 거의 어떠한 상태에서도 견뎌낼 수 있다."라는 말을 자주 사용했다고 말씀드렸는데 조금 과장해서 말하자면 저는 아직 다가오지는 않았지만 가능성으로서 삶의 의미가 존재함을 의식한다면 용기를 내어서 고통과 고난을 견뎌 낼 수 있다고 생각합니다. 그리고 모두가 행복하게 살려고 애쓰지만 삶이란 파도가 치는, 때로는 높은 파도가 이는 바다와 같아서 슬픔이나 불안 그리고 절망 가까운 느낌과 부당함 때문에 느끼게 되는 분노를 느끼지 않고 살아갈 수는 없습니다. 그리고 어쩌면 행복이 행복으로 느껴지는 이유는, 그것도 소중한 행복으로 느껴지는 이유는 그런 고통스럽고 두려운 느낌들을 잘 견뎌 냈기 때문일지도 모릅니다.

하지만 경쟁 지상주의로 인해서 항상 남과의 비교 대상으로 노출되는 한국 사회에서 삶의 의미를 찾기란 녹록치 못합니다. 게다가 세계에서 둘째가라면 서러워할 정도로 긴 노동 시간 때문에 자신의 개인적인 삶을 챙기기도 벅찬 것이 부정할 수 없는 현실입니다. 그런데 저는 앞에서 삶의 소소한 의미에 대해 언급했습니다. 좀 딴 얘기를 하자면 마음의 감기로 불리는 현대의 심리적 질병인 우울증은 무기력함을 동반하곤 합니다. 우울증의 중요한 특징은 괴롭고 힘든, 때로는 고통스럽다는 표현이 더 적절해 보이는 상황에서 간절히 벗어나고 싶지만 딱히 벗어날 방법을 찾지 못해서 때때로 몹시 불안해지기도 하고 때로는 손가락 하나 까딱하기 싫을 정도로 나락으로 떨어지는 듯한 무기력감에 빠지는 것입니다. 그런데 우리는 그 느낌이 아주 막연히 흐뭇하고 좋아 보이는 추상적인 커다란 목표를 세우고 그 목표를 달성해서 짙은 우울감으로부터 빠져나오려고 시도할

▲ 〈파크톨루스강에서 몸을 씻는 미다스 왕〉, 니콜라 푸생, 1624년, 프랑스 페슈미술관 소장

수 있습니다. 하지만 무기력한 우울증과 극명하게 대비되는 그 원대한 추상적인 목표를 어떻게 성취할 수 있을지에 대한 방법을 찾을 수 없거나 설사 그 목표에 손을 대더라도 용두사미처럼 하루 이틀 해 보고 이내 마음에 들지 않거나 너무 힘들어서 그만 포기하고 말기 때문에 더 깊은 우울증에 빠지게 되는 악순환에 빠질 수 있습니다.

그리고 그로 인해 자기 자신에 대한 이미지는 자꾸만 나빠져서 결국엔 "나는 뭘 해도 안 되는 팔자를 타고났나 봐. 나는 못난 놈이야." 하며 깊고 음습한 악순환적인 자기 비하감에 빠지기도 할 것입니다. 이런 마음이 드는 이유는 우울감에서 벗어나고자 지극히 추상적인 계획을 세웠다가 너무 힘이 들고 막막해 보여서 이내 그만두게 되는 경우도 있겠지만 다른 한편으로는 그렇게 세운 계획이 자기 몸에 잘 맞지 않는 옷처럼 그 계획에 따른 행동을 마치 누가 시켜서 하는 것 같아서 마음이 자발적으로 그에 동조해 주지 않기 때문일지도 모릅니다. 이를테면 남들은 이렇게 우울증을 극복했다더라는 떠도는 소문을 듣고 '나도 그렇게 행동을 하면 우울증에서 벗어나겠구나.' 하는 생각으로 그 활동을 해 보다가 왠지 관심도 기울여지지 않고 재미도 못 느껴 마치 의무적으로 해야 하는 행동으로 느껴져서일 것입니다. 그렇다고 남들이 그를 통해 우울증을 극복했다고 하는 활동 자체가 나쁜 것은 아닙니다. 그건 마치 식성이 제각기 달라서 아무리 누구의 입맛에 맞는 음식이더라도 본인에게는 그리 끌리지 않거나 심지어 먹기가 곤혹스러운 음식인 경우와 많이 닮았습니다. 그래서 조심스럽게 말씀드리고 싶은 점은 우울한 마음을 달래기 위해서 무엇을 해야 한다는 생각을 해 볼 때 그 생각이 마음을 건드리면서 '맞아, 그렇게 하는 게 좋겠어.'라는 마음이 드는가의 여부입니다. 그건 남들이 시시해 하거나 "고작 그런 것으로 우울증을 극복할 수 있겠어?"라고 하면서 비꼬는 듯한 말투와 의심쩍은 눈으로 바라보더라도 자신에게만은 작은 위안이 될 수 있는 계획일 것입니다.

부모님 말을
잘 듣는 게 착한 아이?

　　　　　　　　다시 신화 속 이야기로 돌아가자면
미다스는 자기가 먹을 음식과 몸을 뉘일 침대조차도 금으로 변
하게 만들자 당황하며 상심하게 되는데 그 이유는 그것을 소유
한 이유가 상실되었기 때문입니다. 쉬운 말로 그에게 '쓸모'가
없어졌다는 얘기겠지요. 그런데 한술 더 떠서 자신의 안위를 걱
정하는 딸에게 손을 대자 딸마저 누렇게 빛나는 황금으로 변해
버렸습니다. 주관적인 해석이겠지만 저는 그 장면을 읽고서 부
모의 소유욕을 떠올렸습니다. 이런 말이 좀 불쾌하게 들릴지는
모르겠지만 부모가 자기 자식이 잘되기를 바라면서 마치 축구
팀 코치처럼 일방적으로 자기의 가치관과 세계관을 바탕으로
키우고자 한다면 마치 제대로 씹지도 못한 맛있는 음식을 급하
게 꿀떡하고 삼켜서 배탈이 나도록 하는 것과 그다지 달라 보
이지 않습니다. 제가 자주 하는 말이지만 아직 경험이 많이 부
족해서 서툴고 원치 않게 실수도 저지르는 것이 아이들의 모습
이긴 하지만, 그리고 부모의 피를 물려받아서 분명히 부모와 공

통점을 공유하고 있지만 어린아이들일지라도 부모와는 다른 특성과 관심과 씨앗의 형태를 가졌어요. 부모와는 다른 선천적인 능력을 갖추고 있는 엄연한 타인, 그것도 특별한 사이의 타인입니다. 그래서 부모와 다른 관심과 능력을 갖추고 태어난 자기 자녀와 때때로 다투기도 하는 것이 또한 엄연한 현실입니다. 그런데 제 눈에는 부모, 특히 어머니가 놓치고 있는 점이 있는데 그건 어머니의 일방적인 훈육 방식입니다. 이제 말을 뗀 지 그다지 오래되지 않은 어린아이가 언어로 자기 자신의 마음, 즉 감정과 욕구 그리고 그로 인해 생기는 생각을 표현하는 게 미숙한 것은 사실입니다. 하지만 아이가 말뿐 아니라 억양과 표정 같은 몸짓으로 주관적인 자신을 표현하는 것에 귀를 제대로 기울이지 않고 일방적으로 어머니의 생각만 아이에게 주입하려 하는 것은 눈에 잘 띄지 않게 아이의 마음이 시들어 가게 만드는 위험한 행동으로 보입니다. 왜냐하면 자기 자신의 관심과 능력이 엄마 때문에 번번이 가로막힌다면, 게다가 말도 제대로 해 보지 못한 채 일방적인 엄마의 강요된 규칙이나 생각을 받아들이도록 훈육을 받는다면 설사 고분고분하게 크는 것처럼 보여도 아이의 마음에는 깊은 멍이 들 것이고 물을 제대로 주지 않아 고개를 떨어뜨리면서 천천히 시드는 꽃처럼 아이의 얼굴에 타고난 생기를 자꾸만 원치 않게 빼앗는 불행한 결과를 초래할 것이기 때문입니다.

미다스 왕의 손에 대한 신화에서 마지막으로 손을 댄 사랑하는 자기 딸이 생명 없는 금으로 바뀌어 버렸고 그로 인해서 미다스 왕은 무척이나 당혹스러운 절망감을 느꼈을 것입니다.

만약 미다스 왕의 딸이 금으로 변한 것이 자녀에 대한 부모의 소유욕 때문이었다고 해석한다면 미다스 왕은 다른 건 다 참고 견딜 수 있지만 애지중지 키운 자기 자식만큼은 자녀에 대한 자신의 소유욕으로 인해 심리적으로 병들기를 원하지 않았기 때문에 심한 당혹감을 느꼈을 것입니다. 그런데 애지중지 키운다는 표현은 무엇을 뜻할까요? 그건 내 자식이기 때문에 소중히 여기면서 행여 다칠까 봐 염려한다는 뜻을 내포하고 있을 것입니다. 어른이 된 부모도 자신의 먼 과거를 돌이켜 보면 흐릿하게라도 느낄 수 있듯이 인간에게는 보호와 돌봄에 대한 욕구만 있는 것이 아니라 성장하고 독립하려는 욕구도 같이 있습니다. 얼핏 이 두 개념이 서로 대립되는 반대 개념으로 생각할 수 있는데 만약 적절한 보호와 돌봄이 없다면 성장하고 독립하려는 욕구는 망설여지면서 좀처럼 발현될 수 없습니다. 그 이유는 아이가 아닌 성인이더라도 자신을 적절히 보호하고 돌보지 않고 마냥 무모하게 용기만을 내려 한다면 그건 더 이상 건강한 용기가 아니라 섶을 지고 불 속에 뛰어드는 식의 만용에 불과하기 때문입니다. 그리고 그건 스스로를 위험한 상황에 빠뜨려서 결국엔 자기 자신을 해치는 결과를 초래할 수 있습니다. 그래서 자기 자녀를 애지중지 키운다는 표현에는 보호와 돌봄이 반드시 포함되어야 하지만 그와 함께 자녀의 더디지만 건강한 성장을 바라는 마음으로 보호와 돌봄을 의도적으로 차츰차츰 놓아야만 하는 태도도 포함되어 있어요. 그건 그리 심각하지 않은 실수와 시행착오를 자녀가 겪고 때로는 혼란도 느끼면서 차츰차츰 정교하게 방향을 잡아 가는 그런 성장을 격려하고 응원하는 태도와 밀접한 관계를 가지고 있습니다. 그래야만 어린 시절의 원치 않은 실수와 시행착오에 대한 기억을 바탕으로 건강한 어른, 다시 말해서 고통이나 곤경을 애써 견뎌 낼 수 있는 정신적 · 심리적 힘을 가진 어른으로 성장할 수 있을 것입니다. 그리고 그렇게 성장한 어른은 자신의 어린 시절에 대한 기억을 바탕으로 자기 자녀에 대해 불안과 염려를 동반한 건강한 믿음을 가질 수 있을 것입니다.

신화에 의하면 강가에서 손을 씻어 모든 것을 번쩍이는 황금으로 만드는 능력을 버린 미다스는 금으로 변해 버린 딸도 강 속에 집어넣어 다시 생명을 찾게 만들었는데 개인적으로 저는 강물이 상징으로 쓰였을 것이라고 짐작합니다. 즉 더러운 것을 씻어 낼 수 있는 강은 정화수로 작용해서 이제까지 마음속에 품고 있던 더러운 욕망을 힘겹게 버리고 그 결과 다른 마음의 태도로 세상을 바라보게 되도록 말이지요. 그 욕망에는 재물에 대한 끝도 없는 집착뿐 아니라 자녀에게 자신의 못다 이룬 꿈을 투영해서 자신의 세계관과 가치관을 강요하듯이 주입시키려는 집착도 포함되어 있을 것입니다. 그리고 그런 집착은 이미 흐릿하게 느끼고는 있었는데 깨닫지는 못했던 자기 자신의 느낌일 것입니다. 마지막으로 우리는 특별한 일, 중요한 일만을 주로 생각하고 기억하는 경향이 있는데 삶의 배경으로서 평범한 일상이 제대로 의식되지 않는다면, 그래서 항상 행복만을 바란다면 우리 마음은 너무 긴장되어서 편안해지기는커녕 조바심과 초조한 불안에 휩싸일 거예요. 그때 특별할 것도 없는, 그러나 소중한 일상을 삶의 배경으로 의식하고 정직하게 인정한다면 그때 비로소 마음의 긴장이 풀리면서 '일상 속에서 무엇

▲ 〈아폴론과 판의 음악 대결을 판정하는 미다스 왕〉, 여기서 미다스 왕은 판의 손을 들어 주었고
화가 난 아폴론에 의해 당나귀 귀가 되었다. 야콥 요르단스, 1630년경, 벨기에 겐트미술관 소장

을 했으면 좋겠어.'라는 편지 같은 메시지를 넌지시, 그리고 긴장이 풀린 조용한 목소리로 우리에게 전할 것입니다. 그리고 마치 종이에 물감이 천천히 번지듯이 초조한 긴장 대신 건강하고 기분 좋은 긴장이 마음속에 천천히 들어찰지 모릅니다.

자기애와
이기주의

5

에코와
나르키소스

▲ 〈연못에 비친 자신을 바라보는 나르키소스〉, 미켈란젤로 메리시 다 카라바조, 1599년,
이탈리아 국립고대미술관 소장

이기주의에 대한 오해

　　그리스 로마 신화 속에는 물속에 비친 자기 자신만을 사랑한 결과 결국 그 물가에서 죽어 버린 나르키소스와 함께 그에게 실연당한 숲과 샘의 요정인 에코가 식음을 전폐하고 슬퍼하다 몸은 사라지고 목소리만 남게 된다는 이야기가 나옵니다. 여기서 자기 자신을 사랑한다는 건 그리 나쁘지 않다고 생각할 수도 있겠지만 나르키소스의 사랑은 타인을 고려하지 않을 뿐더러 자기 자신조차 제대로 사랑하지 못하는 병든 사랑을 가리킨다고 저는 생각합니다. 하지만 진정한 의미에서 자기를 사랑한다는 건 타인에 대한 사랑이나 배려의 가능성을 높이는 결과를 가져올 것입니다. 왜냐하면 인간이라는 공통점을 가진 자기 자신의 이기주의를 머리로만이 아니라 몸으로 체험해 본 결과 같은 부류에 속하는 타인들의 이기주의를 몸으로 이해할 수 있고 그 바탕에서 이기주의를 기반으로 한 이타주의가 가능해질 것이기 때문입니다.

그런데 나르키소스narcissus 는 잠이나 무의식 상태를 뜻하기도 합니다. 제가 존경하는 정신 분석학자 에리히 프롬은 우리가 깨어 있을 때도 반수면半睡眠 상태에 처해 있을 수 있다고 합니다. 이 주장에 기대어 말하자면 우리는 외부의 자극에 반수면 상태로 반응하기 때문에 외부 환경에 적절하게 반응하지 못하거나 배타적인 믿음이라는 자신의 독불장군 같은 정신적·심리적 필터를 사용해서 때론 제멋대로 왜곡해 잘못 해석할 수도 있을 것입니다. 저는 이기주의가 반드시 나쁜 것이라고는 생각지 않지만 우리가 외부 세계의 자극에 둔감하게 반응하는 주된 이유는 자기 자신에게만 관심을 기울인 결과 결국 반수면 상태 속에서 결정과 판단을 내리기 때문이라고 생각합니다.

그렇다면 자기 자신만을 위해서 살고자 하는 태도로서 이기주의란 현실에서 어떤 모습일까요? 우선 조금 구체화해 보면 자기의 이익을 챙기기 위해 상대방의 이익은 완전히 무시하면서 나의 것만을 챙기는 태도라고 할 수 있을 것입니다. 그런데 여기서 자기의 이익이란 과연 무엇일까요? 고작 생각해 볼 수 있는 것이 자기와 다른 취향을 가진 타인을 무시하면서 자기 취향만을 고집하려는 태도일 텐데 문제는 두 사람 모두 '자기 이익만을 먼저 챙기는 이기주의적인 태도로 사는 것이 옳고 바람직하다.'라는 태도를 가지고 있다면 결과는 불 보듯이 뻔한 난처하고 곤란한 지경에 이를 것이라는 점입니다. 즉 둘은 합의를 보기는커녕 자기주장만 늘어놓다가 화가 나서 싸움을 하게 되고 그 결과 자신의 이익을 침범하는 그 사람을 다시는 보지 않으려고 할 것입니다. 그렇게 사람들이 이기주의적인 태도만을 고집하면서 살아간다면 그 결과는 철학자 홉스가 사용한 '만인의 만인에 대한 투쟁'이란 표현처럼 이 세상이 완전히 무법천지가 되어 버리고 종국에는 모두가 타인들과 철저하게 고립되는 것일 텐데요. 무리를 지어 살 수밖에 없는 운명을 타고난 사람이라는 존재는 그로 인해 미쳐 버리고 말 것입니다.

　바보 같은 말로 비칠지 모르겠지만 이기주의의 사전적 뜻은 '자기 자신을 이롭게 하려는 태도'여서 그 태도에 잘못된 것이 하나도 없어 보입니다. 문제는 인간은 사회적 동물로서 다른 사람들과 섞여 살 수밖에 없다는 것입니다. 그래서 우리가 쓰는 표현 중에는 '타협'이라든가 '협상'이라든가 '양보' 등의 표현이 있는 거죠. 그중 양보라는 표현이 말처럼 녹록치 않은 성질을 가졌는데 이 개념 속에는 '싫지만 그럼에도 불구하고 그렇게 해야 한다.'는 당위적인 느낌이 숨어 있습니다. 양보란 지금 내가 누리고 있는 권리를 타인에게 양도한다는 뜻을 가지고 있는데 우선 지금 내가 누리고 있는 권리를 타인에게 양도하고 싶진 않지만 타인의 편익을 위한 목적을 가지기 때문에 이때 윤리적 판단을 내려야 하는 상황과 밀접한 관계를 맺고 있습니다. 즉 내가 지금 누리고 있는 권리가 편안해서 양보하고 싶진 않지만 타인이 받는 불이익을 줄여 주거나 없애 주는 것이 마땅하다는 판단 말이지요. 쉬운 예로 버스나 지하철 안에서 자리를 잡고 앉았을 때 하필 임산부나 노인이 자기 자리 앞에 서게 되면 속으로는 '하필이면 왜 내 앞에 서 있는 거야. 다른 곳으로 가서 서면 내가 일어서서 자리를 양보할 필요가 없을 텐데.' 같은 마음이 들 수 있습니다. 그런데 그때 마음이 불편해지는 이유는 무엇일까요? 물론 노약자석이 있어서 남들 눈치를 보게 되고 그래서 마음이 불편해질 수도 있겠지만 '만삭의 임산부나 기력이 없는 노인이 버스나 지하철에서 서서 간다면 얼마나 힘이 들까?'라는 생각 때문에 마음이 불편해질 수도 있습니다. 그리고 그런 이유로 자리를 양보하더라도 금세 '누가 다음 역에서 내리지 않나?' 하는 이기적인 마음 때문에 주위를 두리번거릴 수도 있을 것입니다.

악성의 이기주의와
건강한 이기주의

　　엉뚱한 말이지만 사전적으로 이기주의가 '자기 자신을 이롭게 하려는 태도'라면 그에 반대되는 표현은 '자기 자신을 해롭게 하려는 태도'라는 황당한 결론이 나옵니다. 도대체 누가 의도적으로 자기 자신을 해롭게 하려는 건지 드는 의구심 때문에 말이지요. 저는 '악성의 이기주의'라는 표현을 가끔 쓰곤 하는데 그건 자기 자신을 이롭게 하려는 태도로 여겨질 수도 있지만 곰곰이 따져 보면 자기 자신을 해롭게 할 수 있는 태도라고 생각하기 때문입니다. 독일의 정신과 의사가 저술한 《불안, 그 두 얼굴의 심리학》이라는 책에는 그런 악성의 이기주의에 대한 사례가 나오는데요. 너무 어이가 없어서 아직도 생생히 기억하는 사례로 이가 상해서 치과에 가야 하는데 몹시 아픈 마취 주사를 맞는 것이 싫고 두려워서 망치로 자기 이빨을 부러뜨린 사람의 예가 있습니다. 물론 상한 이빨 때문에 엄청나게 아픈 마취 주사를 맞고 싶은 사람은 없을 것입니다. 그래서 그가 마취 주사를 맞고 싶지 않다는 마음을

▲ 〈에코와 나르키소스〉, 존 윌리엄 워터하우스, 1903년, 영국 워커아트갤러리 소장

가진 것을 이상해하거나 탓할 수는 없습니다. 문제는 치료된다는 좋은 결과를 위해서는 마치 주사를 맞는 것을 감수해야 하는데 그게 무섭고 싫다는 이유로 치료받기를 거부한다면 더 나쁜 결과를 자초하게 된다는 점입니다. 이런 사례를 프랑스 정신 분석학자 라캉이 '주이상스jouissance'라는 개념으로 잘 설명했는데요. 그는 이것으로 가장 좋아 보이는, 또는 가장 바람직한 결과를 얻기 위해서는 예상되는 그 결과와 동반하는 부정적인 절차나 수단을 이를 악 물고서라도 감수해야만 한다고 주장합니다. 이를테면 시험 준비 때문에 보고 싶은 영화를 보러 영화관에 가는 것을 미루거나 점심을 먹으려고 식당을 찾았을 때 메뉴판 속 두 개나 세 개의 음식이 구미를 당기지만 일정한 양의 식사량밖에 소화할 수 없기 때문에 그중에서 가장 나아 보이는 음식을 고르면서 나머지 음식은 나중에 먹기로 결정하는 등의 행동 말이지요.

신화 속에서는 나르키소스를 요정 에코가 짝사랑한다고 나옵니다. 얼핏 보기에 나르키소스를 짝사랑한 요정 에코의 사랑에 나르키소스가 반드시 응답할 필요는 없었을 것입니다. 사랑은 자선 행위가 아니기 때문에 말이지요. 그런데 이 신화에서는 나르키소스의 관심이 온통 자기 자신에게만 쏠렸다고 말합니다. 저의 생각이지만 인간은 혼자서는 절대로 살아갈 수 없는 사회적 존재입니다. 그래서 대부분 개인의 문제는 사회적인 관련성을 갖는데 그것을 '인간관계'에 의해서 발생한다고 달리 말할 수 있을 것입니다. 그래서 자신의 문제를 사회적으로 조망하지 않을 때, 또는 사회적 관심을 무시하거나 억압한 채 자신의 이익만을 챙기려 들 때 인간의 마음은 병들 것입니다. 인간이 사회적 동물이라는 전제 조건을 무시할 때 말이지요. 우리는 이를 건강한 이기주의가 아닌 '악성의 이기주의'라고 부를 수 있을 것입니다.

그렇다면 악성의 이기주의는 어떻게 생겨나는 것일까요? 그리스 로마 신화 속에서 강의 신 케피소스와 강의 님프 리리오페는 강의 홍수에 휘말린 후 나르키소스를 낳게 되었는데 그녀는 유명한 예언자 테이레시아스를 불러 아들의 운명을 물어보았고 테이레시아스는 나르키소스가 자신의 얼굴만 보지 않으면 오래 산다고 예언했다는 이야기가 내려오고 있습니다. 이 이야기를 바탕으로 설명하자면 어릴 적 건강한 이기주의의 표현을 금지당한, 즉 자기 자신의 얼굴을 제대로 보지 못한 사람의 마음은 마치 진흙탕에 빠져 바퀴가 헛도는 자동차처럼 그 성장의 길이 가로막히고 그 결과 자신에게 진정으로 이로운 것이 무엇인지를 그간의 경험을 바탕으로 판단하지 못한 채 타인의 이기주의를 이해하지 못할 뿐만 아니라 자신의 건강한 이기주의가 죄악시되거나 비난받은 경험 때문에 타인의 건강한 이기주의도 죄악시하면서 비난할 가능성이 농후합니다. 그리고 자신의 얼굴을 보지만 않는다면 오래 살 것이라는 말은 어쩌면 부모의 슬하를 벗어나 위험하고 살벌하기까지 한 세상 속에서 자신의 삶을 오롯이 혼자서 책임지고 때론 불안을 견디면서 스스로 판단과 결정을 해야 하는 성인으로 거듭나기 위한 정신적 심리적 재탄생을 의미할지도 모릅니다. 하지만 자기 자신의 개성과 취향을 발견하고자 물속에 비친 자기 자신의 얼굴을 뒤늦게 확인했을 때 그가 확인한 자기 자신은 어느새 몸은 어른이 되었지만 마음은 성장하지 못한 자신의 민낯이었고 성인이 된 나르키소스는 그런 자신의 못난 모습을 인정할 수 없어서 행복한 기억으로만 남아 있는 과거로 퇴행하기 위해 물속에 비친 자기 자신에게서 시선을 떼지 못했는지 모릅니다. 그 이유는 방금 물에 비친 성인이 된 자기 자신의 모습 때문에 고통과 후회를 느끼면서 많이 늦어버렸지만 심리적 성인으로 거듭나기 위해 힘겨운 발걸음을 뗼 엄두가 나지 않아서였을지도 모릅니다.

건강한 이기주의와
인간의 마음

신화에서 나르키소스에게 실연당한 에코는 그 역시 똑같은 사랑의 고통을 겪게 해 달라고 복수의 여신 네메시스에게 요구합니다. 결국 나르키소스는 네메시스로부터 자기 자신과 사랑에 빠지는 벌을 받는데, 헬리콘산에서 사냥을 하던 도중 목이 말라 샘으로 다가갔다가 물에 비친 자신의 아름다운 모습을 사랑하게 되어 한 발짝도 떠나지 못하고 샘만 들여다보게 되었죠. 만지거나 잡으려 들면 달아나기만 하는 자신의 모습에 애간장이 타던 나르키소스는 불러도 대답이 없고 만지려면 도망가는 자신의 모습에 시름시름 앓다가 그 자리에서 죽고 말았습니다. 그리고 그가 죽은 자리에서 꽃 한 송이가 피어났는데 그 꽃이 바로 수선화입니다. 수선화의 꽃말은 '자기애'입니다.

나르키소스 신화에서 등장하는 이 두 캐릭터를 저는 한 사람 속에 있는 두 측면이라고 생각합니다. 다시 말해서 나르키소스 안에 존재하는 내면을 에코라는 요정에 빗댄 것으로 말이죠. 그리고 나르키소스가 죽은 자리에 자기애라는 꽃말을 가진 수선화가 피어났다고 하는데 자기애라는 말만큼 심각하게 오해받는 표현은 별로 없을 것입니다. 여기서 자기애라는 표현을 이기주의 또는 악성의 이기주의와 다를 바 없다고 여기시는 분도 계실지 모르는데 저는 사회적으로 같은 뜻으로 쓰이는 자기애와 이기주의가 질적으로 많이 다르다고 생각합니다. 그 이유는 이기주의, 특히 악성의 이기주의란 타인은 고사하고 자기 자신도 제대로 돌보지 못하면서 눈앞의 이익에만 눈이 멀어 앞뒤 가리지 않고 자기 자신에게 해가 되는 행동을 하다가 결국 육체적으로뿐만 아니라 정신적·심리적으로도 심한 병에 걸려버리는 어리석은 사람의 태도이지만, 이와 달리 자기애란 자기의 이익을 중히 여기면서도 자기와 비슷하게 자기 이익을 추구하는 타인의 존재에도 눈을 감지 않는 건강한 이기주의적 태도라고 생각하기 때문입니다. 나르키소스가 죽은 자리에 수선화가 피어났다는 이야기를 달리 해석하면 많이 늦었지만 자기 자신을 제대로 사랑하면서도 타인의 이기주의를 정직하게 인정하는 가능성을 뜻하는지도 모릅니다. 심리적 죽음이라는 고통을 견딘 후에 말입니다.

그렇다면 이렇게 묻는 분이 계실지도 모릅니다. 건강한 이기주의인 자기애가 있다고 해도 그것이 어떻게 이타주의와 공존할 수 있느냐는 질문 말이지요. 그전에 우선 드리고 싶은 말씀은 그런 상상을 하시는 분 중에는 완벽한 조화나 현실에서는 가능하지 않은 이상향으로서의 세상을 전제로 삼고 있을지도

▲ 〈에코〉, 알렉상드르 카바넬, 1874년, 미국 메트로폴리탄미술관 소장

모른다는 것입니다. 그런데 말도 안 되는 이야기이지만 만약 세상의 모든 사람이 이타주의적으로만 산다면 과연 이상향적인 세상이 될까요? 이는 자기 자신의 이기주의적인 욕구는 내팽개치고 타인의 욕구만을 챙긴다는 뜻일 텐데 이 말에는 심한 모순이 숨어 있습니다. 즉 '모든' 사람이 그렇게 산다면 아무도 자신의 욕구 충족에는 관심도 없을 테니 세상에는 욕구란 존재하지 않아야 하고 그 결과 그런 허구적인 세상에서는 이타주의의 실현이 아예 불가능하다는 황당한 결론이 나오기 때문입니다. 그건 인간이 모두 본래 이기주의에만 매몰되어 있는 또 다른 허구적인 세상과 별로 다를 바 없는데 그런 이기주의만 존재하는 사회에서 아무도 타인에 대한 관심을 가지지 못한다면 인간은 고립되고 말 것입니다.

그가 악마가 된
이유는?

　　우리는 흔한 미국 영화 속에 자주 등
장하는 선한 사람과 악한 사람으로 사람들을 구분하곤 합니다.
저는 그 표현 중에 '사람'이라는 개념에 주목하는데 그 이유를
말씀드리기 위해서 꽤나 오래된 영화인 〈카트〉의 장면을 인용
하고자 해요. 영화에서는 대형 마트의 중간 관리자가 마트 직
원들을 들들 볶는 장면이 나옵니다. 물론 저도 금방 그 남자 캐
릭터를 싫어하게 되었고 미워하기까지 했는데 영화가 마지막
으로 다가가자 외국계 마트의 푸른 눈의 경영자는 그를 이런저
런 이유를 대면서 해고해 버립니다. 그리고 장면이 바뀌어서 그
가 바깥 계단에 혼자 앉아 자기 아내에게 전화를 하는데 "우리
가 붓던 보험료는 어떻게 하지? 어머니 용돈은 누가 드리지?"
같은, 저도 모르게 한숨이 절로 나오게 만드는 말을 내뱉었습니
다. 사실 따져 보면 그가 마트 직원들에게 모진 말을 한 이유는

▲ 〈나르키소스〉, 줄러 벤추르, 1881년, 헝가리 국립미술관 소장

회사에 충성해서 어렵지 않게 승진하는 것뿐만 아니라 다니는 직장에서 모가지가 잘리는 불쾌하고 섬뜩한 경험을 하고 싶지 않아서였을 것입니다. 바보 같은 질문처럼 여기실지도 모르는데 그는 선인일까요, 아니면 악인일까요?

애꿎은 마트 직원 아주머니들에게 모진 말과 행동을 하는 그 중간 관리자에게 싫고 미운 감정이 들긴 했지만 영화를 보는 내내 한 가지 질문이 머릿속을 맴돌았는데 그건 '나라면 과연 어떻게 처신했을까?'라는 질문이었습니다. 집에 돌아오면 남편만을 바라보는 아내와 자녀를 둔 사람의 처지라면 말이지요. 그러다가 번뜩 이런 생각이 들었습니다. 중간 관리자도 피고용인인 것은 마찬가지여서 위에서 시키면 시키는 대로 따라야지, 그렇지 않고 상사에게 토를 달거나 다른 의견을 말했다간 언제 목이 잘려나갈지 모른다는 생각 말이지요. 그런 생각이 들자 갑자기 등골이 서늘해졌는데 그 이유는 오후의 햇볕이 내리쬐는 낮에 양복 차림으로 인적이 드문 공원에서 운동하는 중년 아주머니들을 멍하니 쳐다보다가 허기를 느끼고는 근처 편의점에서 컵라면으로 점심을 때우고 나서 핸드폰에 저장된 주소록을 뒤져 잘나가는 친구나 지인에게 전화를 걸고 변변치 못한 일자리라도 알아보는, 이마에 새겨진 옅은 주름살을 감추지 못하는 중년 남성의 모습이 떠올랐기 때문입니다. 그런 생각이 들자 영화에서 마트 직원 아주머니들에게 모진 말과 행동을 하는 그 중간 관리자는 어쩌면 상관의 눈 밖에서 벗어나지 않는 것을 넘어서 직장에서의 자기 자리를 지키고 나아가 보수가 더 많은 자리로 승진하기 위해 누가 시키지도 않았지만 '알아서'

회사에 충성을 바쳤을지도 모른다는 생각이 들었습니다. 목구멍이 포도청이라는 표현처럼 그 누구도 비켜날 수 없는 생계에 대한 두려움 때문에 말입니다.

세상에 평범한 악이
존재하는 이유

　　저는 앞에서 천사도 그렇다고 악마
도 아닌 인간이란 존재에 대해서 짧게 언급했습니다. '인간에게
이기심이 없다면 얼마나 세상이 행복해질까?'라고 생각하시는
분이 계실지도 모르지만 이기심이 없다면 자기를 보존하고 보
호하고자 하는 욕구도 당연히 없을 테니 인간은 이 세상에 존
재할 수 없다는 비극적인 결론이 나옵니다. 그런데 우리는 티
브이나 신문 등에서 끔찍한 범죄를 저질러 교도소에 갇히는 이
른바 악인을 만나게 됩니다. 그런 악인을 만나게 되면 제일 먼
저 '어떻게 인간의 탈을 쓰고서 저런 끔찍한 짓을 저지를 수가
있지?' 하며 아연실색하게 될 텐데 만약 우리가 그 악인을 그저
길거리에서 우연히 마주친다면 인상이 별로 안 좋은 사람 정도
로 생각하며 지나칠 정도로 평범한 얼굴을 하고 있습니다. 공
격성에 대한 심리학 이론 중에 욕구 불만이 있습니다. 이는 자
신의 마음속에 있는 욕구가 번번이 좌절당했을 뿐만 아니라 그
욕구의 존재 자체도 비난받거나 조롱당하거나 심지어 죄악시

▲ 〈나르키소스의 죽음을 바라보는 에코〉, 니콜라 푸생, 1627년, 프랑스 루브르박물관 소장

되어서 그 존재 자체를 부정당했고 그 결과 자신의 존재 자체마저 부정당한 욕구가 분노와 결합되어서 공격성으로 변모하는 것입니다. 그 욕구 중에 가장 기본적이고 중요한 욕구는 다름 아닌 자기 자신의 정체성을 주장하고 싶은 욕구일 것입니다. 다시 말해서 '과연 나는 누구인가?' 또는 '나는 다른 사람들과 비교했을 때 그들과 다른 어떤 성향과 어떤 독자적인 관심사를 가지고 있는가?'라는 질문이 들고 그에 대한 답을 찾아내려고 할 때 그 욕구가 가족이나 지인들, 나아가 그가 속한 사회에 의해서 비난당하거나 거부당한다면 겉으로는 식별하기 힘들지만 마음속에서는 점점 더 그에 대한 분노가 쌓일 것이며 그렇게 쌓인 분노는 탈출구를 찾아서 폭발해 버릴지도 모릅니다. 솔

직히 말해서 고유한 관심사와 취향을 갖추고 태어난 개성이 부정당한다면 그 뒤에 남는 존재는 '도구적 인간' 밖에 없을 텐데 그는 자신의 욕구 충족을 위한 수단만을 발견하려 하고 그에 대한 윤리적 판단은 마음속에 쌓인 분노 탓을 하면서 합리화를 할 위험이 농후할 것이기 때문입니다.

이를 한국 사회에 적용해 보면 어린아이의 개성, 즉 부모와는 다른 취향과 관심사를 가지고 태어난 어린아이의 개성을 "어린놈이" 또는 "너는 어려서"라는 말도 안 되는 주장을 하면서 마냥 무시하거나 비난했을 때 그런 대접을 받은 어린아이는 마음속으로 '내가 잘못하나 봐.' 또는 '어른들 말이 맞겠지. 어린 내가 뭘 제대로 안다고.'라고 하면서 자기 자신을 비하할 수 있겠죠. 문제는 좋다 싫다 차원의 문제를 옳다 그르다는 차원으로 바꿔 버리는 데 있고 그 결과 독자적인 개성의 표현은 물론이고 그 존재 자체를 부정당했기 때문에 마음속에는 자기도 알게 모르게 차곡차곡 분노가 쌓여 가서 흔한 표현을 쓰자면 어린아이의 마음은 점차 삐뚤어질 것입니다. 그리고 그 어린아이는 자신의 마음에 들어찬 분노를 인정하기 싫기 때문에, 또는 겁이 나기 때문에 자신의 정직한 마음을 합리화하면서 왜곡하려 하는 위험이 점점 더 커질 수 있습니다.

"그러지 마, 만약 그렇게 하면…"

　　다시 그리스 로마 신화 속 나르키소스 이야기로 돌아가면 저는 훤칠한 나르키소스를 사랑했던 요정 에코가 인간의 정직한 내면을 상징한다고 생각합니다. 그리고 이 내면을 통해서 앞에서 예를 든, 부정적인 사회적 낙인이 찍힌 분노나 우울 같은 정서의 활동이 가능하다고 봅니다. 그래서 저는 에코가 나르키소스를 사랑했다는 것이 자신과 떼려야 뗄 수 없는 불가분의 관계를 맺은 내면의 소리라고 생각하지요. 그런데 어째서 나르시시즘narcissism 이란 단어가 악성의 이기주의로 번역될 수 있을까요? 그건 잘 포장된 자기 모습에만 도취되어서 진짜 자기 모습을 잃어버릴 위험에 처한 그에게 다급하게 전해 오는 메시지에 귀를 닫아 버리는 위험천만한 일을 벌였기 때문으로 보입니다. 이를 뒷받침하기 위해서 말하자면 아무리 나르키소스가 미남이었어도 대꾸조차 해 주지 않는 그에게 지친 에코는 그를 포기한 채 다른 잘생긴 남성을 찾을 수도 있었겠지만 내면은 자신을 떠나려야 떠날 수 없기에 다급한 목소리로 내면의 소리를 잘 듣고 내면을 잘 돌보라는 신호를 보냈다고 해석할 수 있습니다.

그렇다면 내면의 소리를 잘 듣고 돌본다는 것은 무엇을 의미할까요? 이를 라캉의 주이상스 이론을 빌려 설명하자면 가장 큰 기쁨과 즐거움을 줄 수 있다고 믿는 것을 위해서 다른 선택지들을 포기해야 하는데 이에 덧붙여 그 큰 즐거움과 기쁨을 위해서 피할 수 없는 수고나 고통을 각오하는 것도 필요합니다. 젊어서 고생은 사서도 한다는 옛 속담이 있지만 아무도 특별한 목적 없이 사서 고생을 하려는 사람은 없을 것입니다. 그럴 때 우리 내면은 어떤 메시지를 우리에게 보내올까요? 그건 '각오'라고도 부를 수 있는 메시지일 텐데 저는 이런 경우에도 스트레스 호르몬 체계가 작동한다고 생각합니다. 즉 사람이 가능해 보이는 즐거움이나 기쁨을 얻기 위해서 감수해야 하는, 예상되는 고통에 맞서려는 준비 자세로서 의지를 발동시키면 그 자극에 힘입어 스트레스 저항 체계가 작동하기 시작한다고 말이지요. 문제는 단단히 각오한 내면의 준비 자세를 좀처럼 받아들이려고 하지 않고서 완전한 편안함만을 추구하는 사람인데 이 경우 내면과 그 당사자인 사람 간에 서로 일치하지 않는 태도 때문에 스트레스에 저항하는 내면의 힘이 떨어질 수 있다고 생각합니다. 나르키소스는 자기의 외모에 온 정신이 빠져 있었는데 이를 좀 과장해서 해석하자면 요즘 세태에 비견할 수 있을 것 같습니다. 즉 남의 환심을 사기 위해서 온갖 치장을 하지만 정작 자기 자신의 정직한 마음은 소홀히 해서 실은 가볍지 않은 우울증에 걸려 버린 사람들 말이지요.

개인적으로 저는 우울함이나 분노 등의 힘든 감정은 내면의 경고 신호라고 믿습니다. 즉 우리 내면은 인간의 가장 기본적인 성질인 '좋다' 또는 '싫다'는 선천적인 범주를 사용해서 가짜로 포장된 자신에 대해 "그건 네 모습이 아니다. 거짓말하지 마라, 그런다고 속지 않는다."라는 경고와 함께 "계속 그렇게 자신을 속이려 들면 심각한 심리적 질병에 걸릴 수 있다."는 경고도 함께 전달할 것입니다. 제가 읽은 심리학 서적 중에《긍정의 배반》이라는 책이 있습니다. 그 책에서 지은이는 사회적으로 강요된 근거 없는 낙관주의가 얼마나 인간의 마음을 천천히 갉아먹는지에 대해 설명합니다. 지은이도 썼듯이 원칙적으로 긍정적인 자세가 나쁜 것은 아닙니다. 다만 우리가 멋대로 바꿀 수 없는 마음의 상태를 우겨 가면서 억지로 '긍정적'으로 바꾸려고 한다면 마음이 밝아지기는커녕 초조해지고 불안해지고 화도 일으키는데 그건 부정적인 자극에 대한 자연스러운 마음의 반응을 억지를 써 가면서 좋은? 쪽으로 바꾸려고 하기 때문입니다. 물론 긍정적인 태도를 취하는 것을 비난할 생각도 없고 오히려 적극적으로 옹호할 텐데 이때 긍정적인 태도란 속상하고 분하고 우울하고 화난 감정을 억압하는 것이 아니라 그런 자연스러운 감정들을 모두 정직하게 수용하였음에도 불구하고 자신의 삶을 망치거나 포기하기 싫어서 정신과 마음이 상처를 입었을지언정 다시 회복되기를 기다리며 그 힘든 감정들을 견뎌 내려는 태도일 것입니다.

나르키소스 신화 속 요정 에코라는 이름에는 '메아리'라는 뜻이 있습니다. 메아리란 높은 산속에서 소리를 질렀을 때 바로 따라 들리는 자기의 소리입니다. 요정 에코를 우리의 내면이라고 생각한다면 우리 내면은 밖으로 말을 꺼내지 않아도 우리가 생각을 하거나 판단과 결정을 내리려고 할 때 마치 멀리서 들리는 메아리처럼 그에 대한 답변이나 메시지를 우리에게 보내곤 합니다. 이는 하나도 희한한 현상이 아닌데 이를테면 우리가 직장에서 힘든 일로 이직을 고민할 때 내면의 소리란 "당장 그만두면 어떻게 생계를 꾸려 나갈 거야?"라든가 "그것은 좋은 생각이지만 준비 과정이 너무 길고 힘들지는 않을까?" 또는 "다른 데로 옮긴다고 해서 크게 달라질 게 있을까?" 같이 저절로 드는 생각을 일컫습니다. 그리고 메아리가 자기 목소리의 울림이듯이 내면의 소리도 자기 자신의 목소리인데 그 이유는 자기가 이전에 생각하다가 그만두었거나 잘 모르겠다고 생각한 것에 대해 우리 내면은 그동안 머릿속에 축적된 지식과 경험들을 바탕으로 마치 옷을 짓듯이 그 문제에 부합되게 생각을 직조해서 우리에게 메시지를 전달하기 때문일 것입니다. 물론 내면은 바로 자기 자신이기 때문에 인간의 절대적 또는 잠정적인 한계를 뛰어넘을 수 없어서 우리에게 직조된 메시지를 전할 때 때로는 "이 메시지를 어떻게 생각해?"라는 질문도 함께 던지기도 합니다.

그런데 이런 내면의 메시지는 때론 부담스럽고 힘들기도 해서 사람들은 이를 회피하려 시도하기도 합니다. 물론 우울함이나 속상함, 억울함 그리고 분노 등의 감정이 달가운 사람은 아무도 없겠지만 이 감정들은 그 누구도 아닌 자기 자신의 감정이기 때문에 이로부터 도망친다는 건 말이 되지 않아요. 도망치

▲ 〈나르키소스와 에코, 그리고 두 명의 님프〉, 니콜라 푸생, 17세기, 독일 고전거장미술관 소장

려 할수록 우리 내면은 그 힘든 감정을 정직하게 인정할 것을 요구하면서 끈질기게 그런 감정들이 생긴 이유를 우리에게 제시하곤 합니다. 이를 이기주의와 연결시켜 보면 건강한 이기주의란 자기 자신의 신체적인 반응뿐만 아니라 정신적·심리적 반응도 '자기가 느끼는 감정과 욕구'로 정직하게 수용해야 하는데요. 그 이유는 그렇게 정직하게 감정들을 수용할 때 물론 힘은 들겠지만 그래도 내면의 소리를 번번이 무시하면서 마냥 도망치는 것보다 차라리 훨씬 낫기 때문입니다. 하지만 요즘 사회 분위기는 그런 힘든 감정들을 제대로 인정하기를 원치 않을 뿐만 아니라 심지어 억지로 없애 버리려고 하는 것 같습니다. 제가 대학생일 때 읽은 어느 시인의 시 속에는 '슬픔도 쥐어박으면 작아지리.'라는 표현이 있는데 그는 다른 시에서 떨림을 감

추려 할수록 더 떨린다고 말합니다. 아마도 그는 슬픔, 분노, 우울 같은 힘든 감정을 스스로에게서 감추려다가 그에 반비례해서 더 떨리는 경험을 했기 때문에 그렇게 썼을지도 모릅니다.

가치 있는 것은 모두 가능한 걸까?

저는 열악하기도 한 외부의 환경 조건을 제멋대로 왜곡하면서 눈을 감아 버린 결과로 인해 무기력하기 짝이 없는, 성경의 표현을 빌자면 '회칠한 무덤' 같은 악성의 이타주의와 달리 건강한 이타주의는 건강한 이기주의에서 비롯된다고 생각합니다. 왜냐하면 자기 자신의 정직한 이기주의적 욕구를 받아들일 때 비로소 타인의 이기주의적인 욕구를 마음으로 이해할 수 있기 때문입니다. 이는 교과서에 적혀 있는 이타주의적인 태도를 공부했기 때문이 아니라 자신의 이기적인 욕구를 직접 생생히 느껴 봤기에 그 이기주의적인 욕구가 결핍되었을 때 어떤 불편함이나 고통을 느끼는지에 대해서 몸으로 이해할 수 있기 때문일 것입니다. 하지만 비정하고 살벌한 사회 속에서 자신을 챙기고 돌보면서 그런 이기주의적인 태도를 바탕으로 어떻게 이타주의를 실천할 수 있느냐고 물을 분이 계실지도 모릅니다. 저는 그런 사회가 아니어도 자신의 생존이나 생계를 가볍게 여기

면서 이타주의적으로 살 수 있는 사람은 없을 것이라고 단정적
으로 생각합니다. 심리학 이론에는 가치 가능성 이론이 있는데
이 이론은 어떤 가치의 주관적 중요성과 함께 지금 처한 현실
속에서 그 가치를 실행할 수 있는 가능성도 같이 고려합니다.
좀 허황된 예이지만 인류의 평화를 바라지 않는 사람은 전쟁광
을 빼고는 없을 것입니다. 그런데 이 고상한 가치를 '어떻게' 실
현할 수 있느냐고 묻는다면 제대로 대답할 사람은 없을 것입
니다. 그저 얼굴을 붉히면서 "당신은 꼭 그렇게 꼬투리를 잡고

서 남의 염장을 질러야 해?"라는 볼멘소리만 할 수 있을 뿐입니다. 그런데 이렇게 가치만 중요시하면서 그 가치의 현실적인 실현 가능성을 제대로 고려하지 않는다면 그 결과로 사람은 무기력증, 때론 심한 무기력증에 빠질 위험이 있습니다. 그건 여느 날과 같이 하늘의 별을 보며 걷던 그리스 철학자 탈레스가 그만 발을 헛디뎌 우물에 빠지는 뜻밖의 일에 당황하여 허우적대다가 흠뻑 젖은 옷자락을 질질 끌며 땅 위로 올라왔을 때 이를 목격했던 하인이 깔깔대고 웃으면서 "당신은 저 하늘의 별들의 움직임은 잘 보지만 자기 발밑의 우물은 보지 못하는군요. 어째서 손에 닿지도 않는 먼 것을 보려다가 코앞에 있는 것을 못 보고 우물에 빠지는 봉변을 당하시나요?"라고 비웃은 일화와 많이 닮았습니다.

주위를 둘러보는 자기애

그런데 진정한, 그래서 건강한 이기주의자는 자신을 통해서 세상을 봅니다. 그리고 고상하긴 하지만 실현 가능성이 없거나 극히 적은 일이 아닌 손에 잡힐 것 같은 목표를 위해서 행동하곤 합니다. 그 이유는 자신의 이기주의를 거울삼아 세상을 보기 때문에 어떤 문제가 당장 해결되지 않으면 그로 인해 받는 고통으로 사람들이 고생할 것이라는 점을 마음과 몸으로 미루어 짐작할 수 있기 때문입니다. 그리고 성에 차지 않아도 당장 발등에 떨어진 불부터 끄고 보자는 다급한 마음이 들 수도 있는데 이 경우 "발등에 떨어진 불만 끈다고 본질적인 문제가 해결되겠어?"라던가 "고작 그렇게 한다고 뭐가 바뀌겠어?" 하면서 훈수를 두듯이 냉소적으로 반응하며 그를 비웃는 사람들이 문제입니다. 물론 그런 비난과 조롱이 섞인 말을 들으면 때로는 짜증이 나고 화도 나면서 몸에서 힘이 빠지는 것을 느낄 수는 있지만 건강한 이기주의자의 목표는 세상의 온갖 칭찬을 듣기 위한 것이 아니라 그 문제로 인해 사람들이 받는 고통이나 불편함에 동감하면서 그것을 조금이라도 줄이는 것이기 때문에 다시 고개를 들고 어깨를 펼 수 있다고 저는 생각합니다. 농담을 조금만 섞어서 표현하자면 잘 듣긴 하겠지만 한쪽 귀로 듣고 다른 쪽 귀로 흘려버리는 마이동풍의 자세가 필요하겠지요.

제가 대학교 1학년 첫 겨울 방학을 맞았을 때 한 친구가 "이 책 한번 읽어보지 않을래?" 하며 건네주었던《자유로부터의 도피》의 저자 에리히 프롬은 사회적으로 공유된 부정적인 뜻을 가진 이기주의와 구별하기 위해서 '자기애self love'라는 표현을 썼습니다. 사실 둘 다 자기를 위하는 마음이나 태도를 가리키지만 사회적으로 통념적인 이기주의와는 달리 나의 물질적·심리적 이득으로 인해 타인에게 가해질 손해도 함께 고려하는 태도가 자기애입니다. 물론 나의 이익을 정당하게 취할 때 불가피하게 타인에게 손해를 끼쳐도 그것이 그다지 크지 않거나 심각하지 않다면 그런 태도도 자기애라고 생각합니다. 이때 고려해야 하는 심리적 범주는 '옳다.' 또는 '그르다.'인데 이는 '내가 나의 이익을 취하는 것이 정당한가옳은가 아니면 정당하지 않은가옳지 않은가'라는 잣대로 판단해야 함을 의미합니다. 이를 우리가 살고 있는 자본주의 사회에 빗대자면 특정한 행동으로 상을 탈 때 내가 그 상을 받기 때문에 다른 사람이 상을 놓치는 경우를 생각해 볼 수 있습니다.

글을 맺으면서 마지막으로 드리고 싶은 말씀은 자기를 사랑하지 않는 사람이 남들을 사랑한다는 말은 공허하기 짝이 없다는 점입니다. 자기를 사랑한다는 것은 있는 그대로의 자기 자신을 인정하고 긍정하는 것과 함께 이를 바탕으로 성장할 수 있는 가능성도 함께 긍정하는 태도일 텐데요. 자기를 사랑하지 않는 사람은 그 반대로 자신의 인간적인 측면 중에서 사회적으로 용납된 측면만이 현실인 양 고집을 부리기 때문에 다른 사람들을 있는 그대로 볼 수 없고 성장의 가능성에 대한 믿음도 많이 결여되어 있어요. 그 이유는 아직은 부족한 능력을 때론 실수나 실패를 통해서 그리고 그로 인해 고통을 느끼기도 하면서 성장시킬 수 있는 인간적인 가능성을 도무지 인정하려 들지 않기 때문일 것입니다. 그래서 저는 인간이 악마도, 그렇다고 천사도 아니라고 생각해요. 두 존재 모두 성장을 통한 변화의 가능성을 가지고 있지 않은 완결된 운명론적 존재, 말하자면 동화 속이나 영화 속에서나 만날 수 있는 허구적인 존재이기 때문입니다. 그래서 때론 고통을 동반하면서 성장할 수 있다는 변화의 가능성을 부정하는 것은 어처구니없고 몹시 어리석은 태도일 것입니다. 비록 성장의 가능성을 가로막는 방해물 때문에 어쩌다 힘겹고 속상할지 몰라도 고인 물은 썩게 마련이라는 말처럼 살아 있긴 하지만 점점 알게 모르게 천천히 썩어 들어가는 삶을 사느니 고된 성장의 길을 걸어가는 것이 '차라리' 훨씬 낫기 때문입니다.

그리고 성장을 해야만 하는 이유는 성경에 선악과를 따먹은 아담과 이브가 낙원에서 추방된 뒤 그들이 쫓겨난 낙원에 다시는 되돌아오지 못하도록 불타는 칼을 든 천사들이 지켰다는 이야기에서 나오는데요. 이 이야기를 인간의 삶에 비유해 보자면 우리는 따뜻하고 안락한 어머니 뱃속을 벗어난 뒤 다시는 그곳으로 되돌아갈 수 없고 마음이 이끄는 방향으로 성장하려 하지 않는다면 자연의 순리대로 사는 삶이 몹시 무료하고 권태롭고 짜증스러워질 것이기 때문입니다. 제아무리 비싼 골프를 치거나 바비큐 파티를 벌여도 사라지지 않는 마음의 반응으로서 말이지요. 오해를 피하기 위해서 사족을 덧붙이면 성장이란 원대하고 위대한 성질이라기보다는 하루하루 일상을 살아가면서 간혹 부딪히는 소소한 문제에 눈을 감지 않고 겨룰 때 가끔 힘겹기도 한 그 경험들이 알게 모르게 자신의 내면에 축적되고 가공되어서 지혜로 성숙하는 것입니다. 그건 마치 꽃봉오리가 눈에 띄지 않게 천천히 피듯이 숙성되어 가면서 지혜가 차츰차츰 쌓여 가는 과정이라고 저는 생각합니다. 그리고 그렇게 걸어가는 길은 고속도로처럼 쭉 뻗은 길이 아니라 간혹 돌부리도 있어 걸려 넘어져 다치기도 하고 때론 갈림길을 만나서 어느 길로 접어들어야 할지 망설이는 막막함 때문에 불안해지고 혼란스러워지기도 한 굴곡진 길과 비슷할 것으로 생각합니다. 설사 행복하게 기억되는 어린 시절로 되돌아가고 싶더라도 그건 불가능해서 말이 되지 않으니 두렵더라도 소소한 용기를 내어 보아야 하겠지요. 일상의 삶 속에서 문제가 발생했을 때 추상적인 언어로만 존재하는 '완벽한 인간'은 현실 속에는 존재하지 않는다는 사실과 그래서 자신이 원치 않게 때로는 실수와 실패도 할 수 있는 한계를 지닌 인간임을 불안하지만 정직하게 인정하면서 말이지요.

성욕과
사랑의 교집합
그리고 차이

6

에로스와
프시케

▲ 〈에로스와 프시케〉, 윌리엄 아돌프 부그로, 1895년

어머니가 된
미의 여신

　　여인 중에 빼어난 아름다움을 가지고 싶지 않은 여인은 없을 것입니다. 하지만 나이가 들어 갈수록 예전의 아름다움을 잃을 뿐 아니라 그 아름다움을 돋보이게 해 주었던 얼굴의 생기도 점점 시들어가는 것에 묘한 슬픔과 함께 점점 짙어가는 원망마저 가지게 될지도 모릅니다. '반짝이는 거품'이라는 뜻을 지닌 신화 속 아프로디테도 바다에서 탄생했을 때 그렇게 빛나 보였을 것입니다. 특히 반짝이는 눈매를 감추지 못하고 생기가 도는 눈을 가지고서 말이지요. 그러나 한 남신의 아내가 되어 에로스라는 아들을 낳은 뒤 빛났던 사랑의 여신은 에로스의 어머니라는 역할을 떠맡게 됩니다. 그런데 이 철딱서니 없는 장난꾸러기 아들이 감각적인 사랑을 뜻하는 에로스를 이름으로 가진 이유는 무엇일까요? 원래 그의 어머니 아프로디테가 사랑하는 남녀의 짝을 지어 주고 그 사랑의 결실을 맺게 해 주는 역할을 맡고 있었는데 말이지요. 물론 지극히 제 주관적인 해석이겠지만 반짝이는 눈을 가졌던 아프로디테,

그래서 어느 남자나 여자에게 한눈에 반하게 만드는 능력을 지 녔던 사랑의 여신 아프로디테가 어머니가 된 순간부터 그녀의 눈길과 사랑은 에로스에게 집중되었고 그 결과 에로스는 어머 니의 전적인 사랑을 독차지하는 대상이 되었을지도 모릅니다. 또한 성적인 사랑을 의미하는 에로스는 사랑하는 대상을 만나 기 전까진 철딱서니 없는 아이였는데 이를 심리학적인 용어를 빌려 설명하자면 나르시시즘적 인간, 즉 자기만 아는 자기 본위 적 인간의 마음 상태를 가리키는지도 모르겠습니다. 언제나 자 기 어머니 곁을 떠나지 않으면서 어머니를 통해 자기 욕구만을 충족시키려는 어린 젖먹이 아이처럼 말이지요.

티브이 프로그램 중에 〈어쩌다 어른〉이라는 제목의 방송이 있는데요. 이 제목은 육체는 이미 성인이 다 되어 버렸는데도 마음만큼은 어린 시절 무력한 존재로서 어머니를 통해 자기 욕 구를 충족시키려는 어린아이와 비슷한 상태로 남아 있다는 뜻 을 가졌다고 생각했습니다. 흔히 나르시시즘, 다른 말로 본원적 인 이기주의가 나쁘다고 생각하는 경향이 있지만 저는 어머니 의 도움이 없이는 자기의 기본적인 욕구조차 충족시킬 수 없는 젖먹이 어린아이의 나르시시즘적 상태는 생존을 위해서 자연 이 정해 준 운명이므로 건강하다고 생각합니다. 그러나 자기 발 을 일으켜서 움직일 수 있게 되고 자기 손으로 물건을 만지고 쥘 수 있게 된 순간부터 인간은 운명처럼 스스로의 욕구를 차 근차근 제 손으로 충족시키는 법을 하나하나 배우게 됩니다. 그 렇다면 어쩌다 어른처럼 인간은 육체가 성장해도 마음은 제대 로 성장할 수 없는 것일까요? 비록 집이나 학교에서 어른이라면 어떻게 행동하고 처신해야 한다는 것을 조목조목 배웠음에도 말이지요.

저는 방금 '마음이 성장한다.'는 표현을 썼습니다. 우리는 글을 읽고 발표를 하고 일을 처리할 때 그동안 배운 기술로 무난하게 처리할 수 있습니다. 그런데 감정이나 욕구가 끼어들면 문제의 상황은 사뭇 달라지기도 합니다. 그건 흔히 우리가 대인관계라고 부르는 사람과 사람 사이의 문제입니다. 그 관계 때문에 때론 마음에 깊은 상처를 입고 원망도 하고 화도 나고 심히 우울해지기도 하고 불안해지기도 하지요. 때로는 손가락 하나 까딱하고 싶지 않을 정도로 끝없는 무기력감을 느끼기도 합니다. 그런데 문제는 그렇게 다친 마음을 애써 견디면서 보듬고 달래며 다시 꺾인 다리를 일으키고 숙인 고개를 들 수 있는 마음의 힘이 있는 성인인가 아니면 그렇게 소용돌이치며 혼란스러운 마음을 달래 주고 위로해 줄 '영원한 어머니'의 품을 찾아 헤매는 어린아이로 남을 것인가라는 점입니다. 저는 에로스가 동화 속 영원히 나이 들지 않는 피터 팬처럼 천진난만한 아이로 남아 있는 이유가 타인의 존재, 그것도 마음이 기울어지는 상대방을 만나지 못했거나 자신의 욕구만을 챙기느라 타인의 존재에 눈길을 돌리지 않아서라고 짐작합니다. 물론 신화에서는 남녀 간의 사랑을 맺어 주는 어린 신으로 나오지만 이때의 사랑이란 사랑을 하게 한다는 표현보다 사랑에 빠지게 만든다는 표현이 더 어울리는 감각적 사랑, 좀 노골적으로 표현해서 성적인 사랑만을 맺어 주는 성질의 것입니다. 물론 이 말로 자기도 모르게, 아니 자기의 의지와는 아무런 상관없이 상대방에게 끌리는 사랑을 낮춰 보려는 것은 아닙니다. 그 누구도 자연스럽게 의지도 생각도 필요 없는 감각적인 사랑에 빠지는 것에서 예외가 될 수는 없습니다. 비록 그 성적인 끌림이 반드시 보다 깊은 사랑으로 이어질 수는 없어도 말이지요.

젖먹이로 남는 어른, 그 이유는?

　　다시 어머니 얘기로 돌아가면 아프로디테가 그렇게 영원한 미소년인 에로스에게 자신의 모든 관심을 쏟느라 비록 어느 정도 유지가 되더라도 그 아름다움을 눈에 띄게 만드는 생기 가득한 눈빛은 점점 더 흐려졌을지도 모릅니다. 어쩌면 그 이유는 자녀에게 전적인 관심을 기울이느라 정작 자기 자신에게 기울여야 할 관심을 애써 무시하고 외면했기 때문일지도 모릅니다. 이런 현상을 이기주의와 결부시켜서 못마땅하게 여기는 남성들도 있을지 모르겠지만 저는 자기 본위주의라고 번역되는 에고이즘egoism 과는 달라도 한참 다른 자기애self love 를 구분해야 할 절실한 필요가 있다고 생각합니다. 그 둘 사이에 무슨 차이가 있냐고 묻는 분이 계실지도 모르는데요. 둘 사이를 가르는 중요한 점은 자기만을 생각하느라 타인의 상태나 처지는 염두에 두지 못하는 젖먹이가 가지는 건강한 나르시시즘에 바탕을 두고서 점점 눈길이 타인의 존재로 향하는지, 아니면 계속 타인을 자신의 욕구 충족의 수단이나 도

▲ 〈아프로디테의 탄생〉, 산드로 보티첼리, 1485년, 이탈리아 우피치미술관 소장

구만으로 여기는지의 여부입니다. 제가 건강한 나르시시즘에 바탕을 두어야 한다고 말씀드린 이유는 자신의 정직한 감정과 욕구를 의식하고 인정해야만 비로소 타인의 감정과 욕구를 미루어 짐작할 수 있거든요. 그리고 이를 바탕으로 타인의 상태를 인정할 수 있을 뿐 아니라 나의 감정이나 욕구가 타인의 그것과 충돌했을 때 가볍게 여기지 않기 때문입니다. 나아가 타인의 감정이나 욕구를 있는 그대로 인정하면서 경우에 따라 그 긴장 때문에 건강한 갈등을 느끼고 이를 어느 정도라도 해소하고자 현실적인 방법을 찾을 가능성이 있습니다. 그와 반대로 젖먹이의 나르시시즘을 질적으로 확장시키지 못한 사람은 자기의 감정과 욕구만이 중요할 뿐 타인의 그것은 성가시고 방해만 된다고 느끼기 때문에 갈등을 느끼지요. 하지만 이때의 갈등은 건강한 갈등이 아니라 타인을 자신의 욕구를 충족시키는 데 걸림돌이 되는 훼방꾼으로만 여겨서 제압하거나 굴복시키려 하고 그렇지 못하다면 그를 원수 취급하면서 남들에게 그를 비하하고 험담하여 상징적으로 복수?를 하게 될 위험이 있습니다.

그런데 사람이 육체적으로 성장해도 정신적, 심리적으로 성장하지 못하게 되는 이유는 무엇일까요? 옛말에 어머니의 사랑을 가리키는 '불면 꺼질세라 놓으면 날아갈세라 지극정성으로 자녀를 돌보는 어머니'라는 표현이 있는데 이 말은 아주 고상하고 고결해 보이지만 곰곰이 생각해 보면 아주 잔인한 표현입니다. 하루 이틀도 아니고 자기 자녀를 그렇게 지극정성으로 돌본다면 영화 속 슈퍼우먼이 아닌 평범한 어머니들은 신경 쇠약에 걸리거나 우울증에 빠질 위험이 있기 때문입니다. 당연한 말이지만 어머니는 어머니이기 이전에 OOO이란 이름을 가진 평범한 한 사람입니다. 그리고 사람이란 모두 공통의 감정과 욕구를 가졌을 뿐만 아니라 선천적으로 타고난 개인적인 욕구를 가진 존재입니다. 그래서 이런 질문을 드리고 싶습니다. 인간으로서 공통된 욕구를 가지고 있는데 특정한 선천적 능력에 바탕을 둔 욕구의 실현이 자신의 게으름 탓이 아니라 열악한 외부 환경 탓으로 가로막힌다면 그 사람의 마음은 과연 어떻게 변할까요? 제 머릿속에 제일 먼저 떠오르는 것은 점점 깊어지는 우울함인데요. 이 우울함은 단색이 아니어서 분하고 억울하고 화나는 감정 그리고 병적인 무력감을 동반할 수 있습니다. 그리고 자신의 욕구가 실현되지 못할 때 그 욕구를 실현시키지 못하도록 한 외부의 조건에 심한 반감을 품을 수 있는데 이와 함께 나타나는 욕구가 바로 '대리만족'입니다. 이는 한쪽을 누르면 다른 쪽이 튀어나오는 일종의 풍선 효과 같은 것이어서 꺾여 버린 자신의 욕구 충족을 다른 방법으로 대신 충족하려는 경향입니다. 이때 꺾여 버린 자신의 욕구를 충족시키고자 하는 대상은 다름 아니라 자신이 지극정성으로 키우는 자녀이기 십상입니다. 그리고 그 욕구는 '자기 자식이 잘되기만을 바라는 어머니의 마음'이라고 치장되어 표현될 수 있는데요. 자기 자녀가 잘못되기를 바라는 어머니는 세상에 없겠지만 그 욕구가 대리만족의 형태가 되면 자기 자녀가 학교에서 상위권 성적을 올리고 부모의 말에 잘 순종하며 행실이 바르게 살기를 바라는 형태로 바뀔 수 있습니다. 특히 가파른 위계질서가 지배하는 한국 사회에서는 오로지 공부에 매진해서 좋은 성적을 올리고 그 결과 몇 안 되는 상위권 대학에 입학하고 그 덕택에 탄탄하고 안정적인 직장에 취업해서 부모의 마음에 드는 상대방과 혼인하는 것을 간절히 바라는 마음의 형태를 띨 수 있습니다.

이런 말을 하면 마음이 불편해질 분이 계실지도 모르는데요. 비록 부모의 마음으로는 흐뭇하고 대견해 보여도 정작 그 자녀에게는 부모의 높은 기대, 그것도 자신의 욕구가 아닌 부모의 욕구에 바탕을 둔 일방적인 기대가 몹시 부담스럽고 거추장스럽게 느껴질 수 있습니다. 그리고 자녀가 부모, 특히 어머니의 기준에서 벗어나지 못한다면 천천히, 그러니까 맺힌 꽃망울이 제 꽃잎을 눈으로 확인할 수 없을 정도로 아주 천천히 틔우는 것처럼 자신의 정직한 감정과 욕구를 생생히 느끼고 그를 바탕으로 자신의 관심과 능력을 아주 천천히 틔움으로써 자기 정체성을 확인할 가능성이 점점 줄어들 위험이 있습니다. 그렇게 될 때 아이는 비록 물리적으로는 어머니에게 강하게 의존하고 있지만, 아니 어쩌면 심리적으로도 상대가 없으면 불안하고 두렵고 위기의식까지 느끼는 공생 관계적으로 어머니에게 의존하고 있지만 심리적으로는 점점 더 자기 자신을 보호하고 보존하고자 하는 그 욕구가 변질되어서 자기 자신만 아는 악성의 나르시시즘, 즉 자기 본위적인 태도를 강화시킬 수 있습니다. 게다가 '다 너 잘되라고 하는 말이다.'라고 말하면서 무조건 공부만을 열심히 할 것을 요구하는 어머니 때문에 다른 욕구들의 실현에 대한 길이 가로막힐 때 아이의 마음은 비뚤어져서 어머니에 대한 감춰진 분노를 엄한 사람에게, 이를테면 만만한 반 친구에게 해코지를 하는 식으로 표현할 수 있습니다. 하지만 그런 어머니는 철석같이 자기가 자기 자녀를 몹시 아끼고 사랑하

▲ 〈아프로디테와 아레스〉, 산드로 보티첼리, 1485년, 영국 내셔널갤러리 소장

기 때문에 그렇게 하는 것이라고 믿으므로 자녀가 어머니의 말
대로 움직여 주지 않으면 몹시 서운해하며 배신감마저 느낄 수
있습니다. '내가 너를 어떻게 키웠는데!'라는 마음 때문에 말이
지요.

고단한 삶 속에서 마음이 아름다워질 가능성

　　그리스 로마 신화 속 프시케와 에로스의 이야기를 어떤 분은 흔하디흔한, 게다가 결말이 뻔한 사랑 이야기로 여길지도 모릅니다. 그런데 이 이야기 속에는 빼어난 아름다움을 자랑하는 여인, 더 정확히 말해서 신적 존재인 아프로디테가 질투할 만큼 아름다운 프시케가 나옵니다. 저는 '마음'이라는 표현을 자주 쓰곤 하는데 이제는 머리와 대비되는 개념으로, 심하면 적대적인 관계를 가진 개념으로 이해하는 '마음'은 오래전에는 서로 갈라놓을 수 없는 관계를 지닌 머리와 가슴을 함께 가리키는 개념으로 사용되었습니다. 신화 속 빼어나게 아름다워서 미의 신 아프로디테에게 미움을 산, 마음이라는 뜻을 지닌 프시케도 머리와 가슴을 함께 아우르는 뜻으로 쓰입니다.

　　마음을 뜻하는 프시케는 아름다움 때문에 아프로디테에

게 미움을 사는데 그렇다면 우리 마음도 아름다운 빛깔을 띠고 있다는 해석이 가능합니다. 여기서 잠깐 다른 말을 하자면 저는 '예쁘다'와 '아름답다'는 표현을 구분해 쓰곤 합니다. 그래서 신화 속 프시케도 처음에는 아름다운 존재라고 생각하기보다는 그저 예쁜 여성이겠거니 생각됩니다. 제가 그렇게 생각한 이유는 예쁨은 그저 태어날 때부터 갖춘 신체적 특성이지만 아름다움은 우여곡절을 겪으면서 견뎌 온 세월의 흔적들이 차곡차곡 쌓이면서 미세하게 변한, 그저 느낌으로서밖에 포착될 수 없는 성질의 것이기 때문입니다. 그 느낌은 주로 얼굴 표정과 말투에서 발견되곤 합니다. 그리고 환하기만 한 밝음이 아니라 그 밝음을 돋보이게 해 주는 슬픔, 절망, 불안, 우울, 분노 그리고 그 모든 것의 밑바탕을 이루며 가능케 하는 희망, 그러니까 절대로 제멋대로 내려놓거나 내던져 버릴 수 없는 삶에 대한 여린 희망을 품고 있는 그런 느낌일 것입니다. 게다가 그런 힘든 감정들은 대견한 슬픔, 절망, 불안, 우울 그리고 분노로 바뀔 수 있는 가능성을 가지고 있다고 표현할 수 있을 것입니다. 짧지 않은 시간 동안 스스로의 힘으로, 때로는 주변의 작은 도움을 받기도 하면서 견뎌 온 우울하지만 빛을 잃지 않은 세월의 흔적으로서 말입니다.

프시케는 에로스를 남편으로 맞은 뒤 여러 가지 유혹에 빠지게 됩니다. 우선 남편의 본 모습을 보고 싶은 충동을 들 수 있는데 이는 달리 말해서 자신에 대한 남편의 사랑을 말을 통해서 확인해 보고 싶은 마음을 상징할지도 모릅니다. 그건 혼인을 한 지 얼마 되지 않은 새색시가 남편에게 자기를 사랑하느냐고 재차 묻거나 어느덧 꿈같은 신혼이 지나고 아이도 낳아 기르는 여자가 자신에 대한 남편의 사랑에 의구심을 가지고서 혹시 내 남편이 나 모르게 밖에서 딴 여자를 만나는 것은 아닐까 의심하는 것과도 많이 닮아 있습니다. 결국 달아난 남편 때문에 땅을 치고 후회한 프시케가 곡물과 수확의 여신 데메테르의 도움으로 자신의 시어머니인 아프로디테에게 용서를 빌었을 때 아프로디테가 내린 벌의 얘기를 보면 황당하기 짝이 없다는 것을 어렵지 않게 알 수 있는데요. 이도 어쩌면 어느새 사랑을 알게 되고서 자신뿐 아니라 상대방에게도 신경이 쓰이는 남자로 큰 자기 아들에게 섭섭함과 서운함 그리고 허전함을 감추지 못하는 어머니가 억지를 부려 가면서 예비 며느리에게 앙갚음하려는 것을 에둘러 표현하고 있는지도 모릅니다. 그리고 그런 일 때문에 자기도 모르게 무엇을 잃었는지도 생각해 보게 될 텐데요. 자기와 떼려야 뗄 수 없는 존재로서 대리 만족 수단이었던 아들을 젊고 예쁜 여자에게 빼앗겼다고 여기는 것은 곧 자기 자신을 잃어버렸다는 막연한 느낌을 받게 될지도 모릅니다. 이는 정신 질환 중 정신 분열증을 앓고 있는 사람에게 관찰될 수 있는 증상과도 비슷해요. 정신 분열증에 걸린 사람은 도대체 내가, 즉 나 자신이 누구인지, 아니 어떤 사람인지 확인하기가 무척이나 어려운데 그 이유는 나라는 정체성, 그러니까 다른 사람들과 인간성이라는 점을 공유하고는 있지만 한 개인으로서 그 누구에게도 양도할 수 없는 개인성이 심각하게 약화되었기 때문입니다. 이런 현상은 비단 정신 질환을 앓는 사람에게서만 관찰될 수 있는 현상이 아니고 평범한 일반인에게서도 경미하게 관찰될 수 있는데요. 특히 요즘같이 집단의 규칙이나 관습을 제

▲ 〈에로스가 준 선물을 언니들에게 보여 주는 프시케〉, 장 오노레 프라고나르, 1753년, 영국 내셔널갤러리 소장

대로 따르지 않으면 왕따시키면서 그 집단에서 쫓아내는 분위기가 강할 때는 자기 정체성을 유지하기가 말처럼 그리 녹록치 않습니다.

하지만 자기 정체성은 사라지는 것이 아니라 억눌려 있기 때문에 피곤과 짜증이 덕지덕지 붙은 얼굴로 늦은 저녁 집으로 돌아와서 잠자리에 누우면 억눌려 있던, 다시 말해서 집단에서 추방되지 않도록 간신히 억눌러 놓았던 자기 정체성은 비명을 지르면서 다시 의식의 표면으로 떠오를 수 있는데요. 이런 현상이 안 그래도 피곤하고 짜증이 나 있는데 그 상태에 불을 붙이는 것처럼 마음을 더 힘들게 할 수 있습니다. 그래서 애를 써 가면서 게다가 억지를 부려가면서 그렇게 비명을 지르며 의식의 표면에 떠오른 불편한 자기 정체성을 다시 잊어버리려고 하다 보면 머릿속은 헝클어진 실타래처럼 엉망진창이 되고 마음도 소용돌이가 치는 것처럼 힘들고 복잡해질 수 있습니다. 그런데 왜 자기 정체성은 비명을 지르면서 의식의 표면에 떠오르는 것일까요? 그건 다름 아니라 그 누구에게도 양도할 수 없고 나 자신의 기본이자 기초이기 때문입니다.

내적 죽음, 그리고 신비로운 재탄생

　　아프로디테가 프시케에게 마지막으로 요구한 것은 저승의 여신 페르세포네에게 가서 자신이 단장할 분을 달라고 하라는 것이었습니다. 저승은 사람이 죽어서야 가는 곳이기 때문에 프시케는 곧 자기가 죽을 운명이라고 생각합니다. 자신의 죽음을 예감한 프시케가 높은 낭떠러지에 올라가서 자살을 하려는 그때 정체를 알 수 없는 목소리가 그녀를 만류하면서 저승으로 가는 방법과 그 입구를 지키는 머리가 셋 달린 개인 케르베로스 옆을 무사히 지나가는 법을 알려 줍니다. 개인적으로 저는 '내면의 목소리'라는 표현을 자주 쓰는데요. 이 내면의 목소리는 짐작, 예감, 통찰, 직관 등의 표현으로 바꿔 쓸 수 있고 모든 경우는 아니겠지만 중요한 위기에 봉착하거나 불길한 일이 벌어질 것 같을 때 불안이라는 인간의 기본적 정서를 바탕으로 발생하는 정신적이자 심리적인 현상입니다. 그래서 우리는 간혹 '어라, 내가 이런 생각을 다 했네?' 하며 자신을 신기하게 생각하거나 놀라워하기도 합니다. 그리고 이런 정신적, 심리적 현상은 주로 꿈을 꿀 때 훨씬 더 생생하게 느낄 수 있는데요. 잠에서 깨면 꿈속 내용이 흐릿하거나 다 달아난 듯한 느낌이 들기도 하지만 때로는 찜찜하고 개운치 않은 느낌 또는 뭔가 알아차린 것 같다는 느낌과 함께 마치 암호를 해독하고 싶은 충동이 일기도 합니다. '분명히 꿈속에서 어떤 생각이 들었는데 그 생각이 뭐지?' 하는 궁금증과 함께 말이지요. 그래서 프시케가 들은 정체를 알 수 없는 그 목소리도 내면의 목소리라고 짐작합니다.

신화 속 프시케가 저승으로 가야 할 때도 그녀가 시어머니의 마음을 사기 위해 무조건 고분고분하게 순종하고 나아가 굴종하려고 할 때 마음이 자기 정체성에 대한 위기의식을 느끼고 꿈속에서 어떤 경고를 내리려고 했을지도 모릅니다. 그리고 저승의 여신 페르세포네가 프시케에게 준 것은 사실 얼굴에 바르는 분이 아니라 잠의 씨앗이었다는 것은 꿈속처럼 남의 환심을 사려는 목적 때문에 자기 자신을 잃어버릴 위기를 자초하는 인위적인 행동을 멈추게 하려고 할 뿐만 아니라 무너져 버릴 것만 같은 자기 정체성을 수면 중에 회복시키려는 내면의 자율적인 반응을 일컫는지도 모릅니다.

프시케는 그 상자 안에 화장분이 들어 있다고 확신했기 때문에 자기가 사랑하는 남편 에로스에게 예쁘게 보이기 위해서 그것을 바르고 싶다는 충동을 느꼈고 결국 그 상자 안을 열어 보게 됩니다. 분명히 자신을 도와 준 정체불명의 목소리가 페르세포네에게 상자를 받으면 절대로 열어 보지 말라는 경고를

▲ 〈에로스의 얼굴을 확인하는 프시케〉, 페테르 파울 루벤스, 1636년경,
프랑스 레옹 보나 미술관 소장

했는데도 말이지요. 이는 잠 속이라는 무의식의 세계에서 벗어나 다시 깨어날 때까지 그 꿈의 해독을 금지하는 것과 다를 바 없다고 생각됩니다. 그런데 정체를 알 수 없는 목소리는 프시케가 호기심, 또는 예쁘게 보이고 싶다는 욕구를 가지게 될 것이라는 사실을 과연 몰랐을까요? 그걸 몰랐다면 논리적으로 프시케에게 그런 경고를 남기지 않았을 것입니다. 너무 과장된 듯한 느낌이 들지 않는 것은 아니지만 저는 정체를 알 수 없는 목소리가 인간에게 허용된 자유를 정직하게 인정하고 있었을 것이라고 생각합니다. 그 자유란 외부의 금지, 심지어 경고하는 듯한 느낌의 내면의 목소리조차도 빼앗아 갈 수 없는 인간의 자유를, 그것도 그 자유로움 때문에 실수도 하고 시행착오도 하고 때론 잘못도 저지르기도 하고 땅을 치며 후회도 하게 되는 그런 성질의 자유를 뜻할 것입니다. 물론 자유라는 표현이 한없이 좋은 느낌을 주긴 하지만 자연이 정해 준 본능에 따라서만 생존하는 다른 동물들과는 달리 자연의 제한과 속박으로부터 인간을 어느 정도 벗어나게 해서 생기는 불확실함 때문에 생기는 불안함과 밀접한 관계를 맺고 있는 자유 의지라는 속성이 있습니다. 사실 이 자유 또는 자유 의지가 없다면 인간의 삶에는 심리적 불안이 끼어들 여지가 별로 없을 텐데요. 자유란 이미 돌이킬 수 없는 과거보다는 예측하기 힘든 미래로 방향을 잡고 있어서 어떻게 하면 좋을지를 생각하게 되고 '혹시 내가 잘못 생각하고 판단한 것은 아닐까?' 또는 '이 판단으로 말미암아 좋지 않은 결과가 나타나면 어떡하나?' 하는 생각 때문에 불안해지기도 하기 때문입니다.

진심, 아름다움이 움트는 자리

　　신화 속 이야기로 돌아가자면 이야기 막바지에 신들의 왕 제우스가 프시케에게 "프시케여, 네가 설 자리를 단단히 다지고 지혜로서 너를 지켜라."라는 말을 건넵니다. 제우스가 그렇게 말할 수 있었던 이유는 신들의 왕인 그가 아프로디테와 에로스 그리고 프시케 사이에 그간 어떤 일들이 벌어졌는지 잘 알고 있었기 때문일 것입니다. 그건 일종의 믿음 또는 신뢰 같은 성질의 것인데요. 믿음이나 신뢰란 그냥 생기는 것이 아니라, 게다가 요즘 표현을 쓰자면 무슨 척한다는 의미의 코스프레식 위선, 즉 염불에는 관심이 없고 잿밥에만 관심이 있다는 속담처럼 그저 남들의 칭찬과 부러움을 살 목적으로 하는 행동이 아니라 마음이 움직여서, 즉 진심의 도움을 받아서 그 힘을 바탕으로 행동을 했을 때, 그것도 마음의 격려를 받아 가면서 외양은 좀 다를 수 있어도 그 본질만은 똑같거나 비슷한 행동을 계속 보였을 때 느껴질 수 있는 강렬한 느낌일 것입니다. 그리고 중요한 점은 그간 원치 않게 저지른 실수나 시행착오를 인정하면서 전보다 성숙해지기는 했지만 그 씁쓸하고 속상한 경험들을 바탕으로 여전히 원치 않게 다시 실수와 시행착오도 저지를 수 있을 것이라는 가능성에 대한 걱정스러운 믿음, 즉 환상 또는 상상 속에 존재했던 상대방에 대한 좋은 편견을 점점 더 버리게 되고 반대로 그 사람을 점점 더 있는 그대로 인정하게 되는 믿음, 더구나 지금보다 더 성장할 수 있다는 현실적인 믿음이 마음속에 점점 더 깊숙이 자리 잡게 되는 그런 성질일 것입니다.

그런 믿음은 자기 아들을 빼앗겼다는 심한 질투와 함께 허망함과 허전함을 느꼈을 법한 아프로디테마저도 어쩔 도리 없이 가지게 되는 믿음일 것입니다. 왜냐하면 믿음이란 억지를 부려가며 인위적으로 만들 수 있는 것이 아니라 알게 모르게 점점 더 마음속에 자리 잡게 되는 자연스러운 심리적 현상이기 때문입니다. 그런데 여기서 빼놓아서는 안 될 점은 아프로디테가 그렇게 자기 아들을 프시케에게 보내게 되었을 때 그 모습을 쓸쓸한 눈으로 바라보았다는 점입니다. 이는 자식을 결혼시켜 본 부모라면 어렵지 않게 가슴으로 강하게 짐작할 수 있을 텐데요. 특히 제 아버지의 손을 잡고 식장으로 걸어 들어오는 신부를 신랑에게 건네 줄 때 또는 어머니가 그 모습을 앞자리에 앉아서 지켜볼 때 자신도 모르게 가슴 속에 찾아오는 쓸쓸한 느낌을 받았을 것이기 때문입니다. 그건 몹시 쓸쓸하면서도 어릴 적 재잘거리면서 아장아장 걷던 딸이 어느새 이렇게 커서 남의 아내가 된다는 애잔한 대견함이 섞인 묘한 감정일 것입니다. 그리고 고개를 숙이고서 아버지의 손을 놓을 때 아버지의

▲ 〈페르세포네가 준 상자를 몰래 열어 보는 프시케〉, 존 윌리엄 워터하우스, 1904년

가슴에는, 그리고 그를 지켜보는 어머니의 가슴에는 이제 딸이 남의 아내가 되고 그동안 키워 준 자신들의 곁을 떠난다는 사실 때문에 섭섭함과 슬픔이 번지면서 눈물을 내비칠지도 모르지요. 하지만 자기 딸의 손을 잡아 주는 신랑의 모습에서 막연한 듬직함과 믿음직스러움을 동시에 느꼈을지도 모릅니다. '과연 저 둘이 행복하게 잘 살 수 있을까?' 하는 일말의 막연한 불안함을 애써 감추면서 말이지요.

그리스 로마 신화 속 이야기에는 그 후 아프로디테가 어떻게 살았는지 더는 설명하고 있지 않지만 어쩌면 에로스와 프시케 사이에 낳은 딸내미인 헤도네를 보면서 그 손녀의 이름처럼 기쁨을 느꼈을지 모릅니다. 그리고 그런 소중한 손녀를 낳아 준 며느리인 프시케에게 표현하기 민망하고 어색한 고마움을 느꼈을지도 모릅니다. 자, 이렇게 신화 속 프시케와 에로스의 사랑은 행복한 결말로 끝을 맺지만 저는 이야기가 끝난 지점부터 그들이 어떻게 살았을지 사뭇 궁금해집니다. 솔직히 말해서 허구가 섞인 소설 속 이야기는 읽는 이의 눈길을 끌 만한 이야기들만을 골라서 엮는 성질이 있는데요. 그중 골라지지 않은 이야기들도 삶의 중요한 부분이기 때문입니다. 그래서 어쩌면 어떤 분은 잘 나가다가 왜 그런 얘기를 꺼내냐며 짜증 섞인 불만을 토로하실지도 모르는데 저는 이렇게 생각합니다. 기쁨을 뜻하는 헤도네의 출생은 부모뿐 아니라 시어머니에게도 큰 기쁨이었겠지요. 하지만 그럴 수 있는 이유는 무덤덤하고 때로는 심드렁하게 느껴지기도 하는 삶을 그럭저럭 잘 견뎌 내며 살다가 우연처럼 행복한 순간에 마주쳤기 때문이라고 말이지요.

아마도 에로스와 프시케가 짝을 맺은 뒤 어쩌면 알콩달콩하게 살았을 것이라고 생각하는 분도 계실 테지만 저는 남에게 얘기하기 창피하고 겸연쩍기 짝이 없는 일로 다투기도 하며 의견이 갈려서 싸우기도 했을 것이라는 다소 비관적인? 상상을 해 봅니다. 그래서 이런 말을 끝으로 글을 맺을까 합니다. 오래전 영화인 〈백 투 더 퓨처〉처럼 이제 신화 속의 흐뭇한 이야기 속에서 빠져나와 다시 고단하기도 한 일상을 살아야 된다는 말로요. 뭔가 미진한 느낌 때문에 군더더기 하나를 굳이 덧붙이자면 우린 당연하게도 여전히 일상을 살더라도 깊은 산속 먼 곳에서 울리며 전해져 오는 메아리처럼 아프로디테와 에로스 그리고 프시케의 신화 속 이야기가 속삭이듯이 귀에 울리는 잔향으로 느껴져서 이제까지와는 좀 다른 눈으로 사물을 보게 되고 좀 다른 귀로 듣게 될지도 모릅니다. 그래서 어쩌면 아주 작은 실마리 같은 신화 속 이야기의 작은 도움의 힘에 기대서 이제와는 좀 다르게 살게 될지도 모른다는 막연한 생각이 듭니다.

부모의
권위

7

오이디푸스의
비극

▲ 이탈리아 불치의 도시 유적에서 출토된 도기에 새겨진 오이디푸스와 스핑크스, 기원전 480~470년, 이탈리아 바티칸박물관 소장

버려진 오이디푸스가
아버지를 죽인 이유

　　　　　정신 분석학의 창시자인 프로이트
는 그리스 신화 속 오이디푸스 이야기를 이용해서 양심의 발달
에 대한 이론을 세웁니다. 그는 이른바 거세 공포를 통해서 양
심이 발달한다고 하는데요. 그 과정은 남근기에 도달한 만 3세
~5세 남자아이가 엄마에 대한 성욕의 경쟁자인 아버지를 살해
하고 엄마를 독차지하려는 은밀한 욕망을 가지게 되는데 물리
적 힘에서 훨씬 강력한 아버지에 의해서 자신의 성기가 거세될
것을 두려워한 나머지 아버지의 윤리적 명령을 내면화하게 되
고 이 내면화된 아버지의 윤리가 양심으로 발달하게 된다고 설
명합니다. 그에 반해 여자아이는 자신의 몸에 남근이 없음을 알
게 되기 때문에 거세 공포를 느낄 수 없고 그에 따라서 아버지
의 윤리적 명령을 내면화하려는 동기를 느끼지 못한다고 합니
다. 하지만 정신 분석학 2세대에 속하는 에리히 프롬은 이 신화
를 달리 해석합니다. 즉 거세 공포를 느껴서가 아니라 강압적인
아버지의 권위에 반기를 들었다가는 추방이나 배제를 당할 것

이라는 공포 때문에 아버지의 윤리를 따르는 척한다는 것입니다.

　오이디푸스 이야기 속에는 오이디푸스의 아버지인 라이오스와 어머니 이오카스테 그리고 그 아들 오이디푸스가 주인공으로 등장합니다. 아버지 라이오스는 자기 아내의 뱃속에 태아로 존재하는 아들이 태어나면 그를 죽일 것이라는 무서운 신탁을 받게 됩니다. 그래서 그는 부하를 시켜서 태어난 아들을 깊은 산속에 버리도록 명하지만 그 부하는 차마 그렇게 하지 못하고 이웃 나라 코린토스의 목동에게 아이를 넘겨주게 됩니다. 어린 오이디푸스를 받은 목동은 그 아이를 코린토스의 왕인 폴뤼보스와 그의 아내 메로페에게 바치게 되었지요. 그렇게 오이디푸스는 폴뤼보스와 메로페를 친부와 친모로 여기고 자라던 중 장차 자신이 아버지를 죽이고 어머니와 결혼할 것이라는 신탁을 듣고는 그 무시무시한 운명을 피하기 위해서 코린토스를 떠납니다. 그리고는 그가 테베를 여행하던 중에 자신의 친아버지 라이오스와 길거리에서 통행에 분쟁이 붙어 라이오스를 죽여 버리고 맙니다. 자신의 아버지를 죽인 사실을 까맣게 모르는 그는 자신의 어머니인 이오카스테와 결혼합니다.

　오이디푸스는 테베를 선정으로 잘 통치하였으나, 갑자기 테베에 역병이 돌게 됩니다. 오이디푸스는 이 역병의 이유를 알기 위해 크레온을 델포이의 아폴론 신전으로 보내어 역병의 원인을 알아 오게 합니다. 신탁은 "선왕인 라이오스 왕을 죽인 자를 찾아서 복수를 하면 역병이 물러간다."라고 하였고 일전에 자신

▲ 〈스핑크스의 수수께끼를 푸는 오이디푸스〉, 장 오귀스트 도미니크 앵그르, 1808년,
프랑스 루브르박물관 소장

이 길거리에서 죽인 사람이 바로 자신의 아버지 라이오스라는 사실을 전혀 모르는 오이디푸스는 라이오스의 살해자를 찾기 위해 모든 노력을 기울일 것을 맹세합니다. 하지만 라이오스의 살해자를 찾기 위해 크레온이 데려온 그리스 최고의 예언가 테이레시아스는 오이디푸스가 찾고 있는 살해자가 바로 그 자신임을 말해 주게 됩니다. 결국 오이디푸스는 자신이 친아버지인 라이오스를 살해하였고 지금껏 아내라고 알고 있었던 이오카스테가 사실은 자신의 어머니임을 알게 됩니다. 이오카스테는 이 무서운 진실을 더 이상 견디지 못하여 자살하고 오이디푸스는 이오카스테의 브로치로 자신의 눈을 찔러 스스로 소경이 되고 맙니다.

그리스 로마 신화는 인간이 행하거나 당하는 이야기들로 꾸며져 있는데 아직 자연 과학이 제대로 발달하지 못한 시기였기에 과학적인 현상들을 이야기로 풀어내기도 합니다. 그리고 주요 수단은 상징을 통해 어떤 현상을 연상시킬 수 있는 다른 것으로 대체하여 표현하기도 합니다. 이런 전제를 바탕으로 말씀드리자면 오이디푸스 신화는 여러 가지로 해석될 수 있는데 저는 이 신화가 자녀가 성장해서 독립의 충동을 느낄 때 겪게 되는 부모와의 갈등을 상징적으로 표현하고 있다고 생각합니다. 그것은 이른바 지금까지 권위를 행사하던 부모에 대한 윤리적 반항 또는 저항인데 이제부터 이를 글로 풀어 보겠습니다.

아이의 성장을
방해하는 부모

　우선 오이디푸스가 아버지를 죽인다는 것은 무엇을 상징하는 것일까요? 이 이야기를 하기 전에 먼저 말씀드리고 싶은 점은 허락이나 금지라는 윤리적 명령을 아버지로부터 받게 된다고 할 수 있는데 저는 아버지적 윤리와 어머니적 윤리를 구분해야 한다고 생각합니다. 우선 아버지적 윤리란 독립과 성장을 촉진하는 성질의 것으로서 성장을 위한 허락과 금지를 포함하고 있는데 반해서 어머니적 윤리란 성장보다는 보호적인 측면이 강합니다. 즉 어머니적 윤리가 "위험하니 하지 마라."라든가 "그러다 다치면 어떡하니, 조심해라." 같이 소극적 측면을 가지고 있는 반면에 아버지적 윤리는 "자전거를 타는 것은 위험하지만 도전해 봐라."라든가 "도와주고 싶지만 그러면 너는 여전히 혼자서 그 일을 잘하지 못할 테니 한 번 혼자 시도해 봐." 같이 적극적 측면을 가지고 있습니다. 그런데 젖먹이 아기 시절을 지나서 가장 먼저 배우는 윤리는 다름 아닌 배변 활동입니다. 그리고 이에 대한 윤리적 가르침은 주로 어머니로부터 나오게 됩니다. 그러니까 자기 몸을 움직여 화장실에 갈 수 있게 되면 혼자 변기에 앉아 변을 보고 나서 휴지로 밑을 닦는 행동을 어머니의 지시 아래 배워야 합니다. 이때 어머니는 비록 여성이지만 남성적인 윤리인 '혼자서 배변 행위를 해야 한다.'는 아버지적 지시를 내리는 것입니다. 그런데 이 시기가 지나도 윤리적 가르침을 주는 사람은 여전히 어머니인 경우가 태반입니다. 특히 외동아들과 외동딸이 대세이고 아버지는 밖에서 돈 벌어 오는 기계로 전락한 현재 자본주의 사회에서 아버지는 자기 자녀에게 윤리적 가르침을 전수할 틈이 없습니다. 이런 사정을 바탕으로 오이디푸스 신화를 풀어 보자면 아버지인 라이오스와 어머니인 이오카스테는 별개의 사람이 아니라 어머니 속에서 체현되는 아버지적 윤리와 어머니적 윤리를 대변하는 허구적 인물이라고 말할 수 있을 것입니다. 이는 정신 분석학자인 칼 융의 용어인 아니무스와 아니마로 풀어서 설명할 수 있는데 간단히 말해서 아니무스는 여성 속에 존재하는 남성적 측면이고 아니마는 남성 속에 존재하는 여성적 측면입니다.

어머니의 보호와 돌봄이 절대적으로 필요한 젖먹이 시절에는 윤리적 명령을 수행할 수 없습니다. 그 이유는 말로 전달하는 윤리를 젖먹이가 알아들을 리 만무하기 때문입니다. 하지만 하나하나 말을 배워서 어느 정도 이해하게 되면 어머니는 집에서 지켜야 할 윤리를 전수하기 시작하는데 앞에서도 말씀드렸지만 어머니의 윤리는 보호하는 측면이 강해서 주로 해서는 안 될 행동에 많이 집중됩니다. 즉 "홀리고 먹지 마라, 일찍 자라,

아침에 일어나면 반드시 양치질과 세수를 해야 한다, 코를 풀고 싶으면 화장지를 사용해야 한다.” 등 만일 그렇게 하지 않았을 때 겪을 수 있는 불이익을 전제로 하여 윤리적 명령을 내립니다. 그런데 아이가 이를 지키지 않으면 어머니는 자신의 마음을 아프게 한다거나 실망했다고 말하면서 은근한 경고를 내리곤 합니다. 이에 따라 당시의 자신에 대한 절대적 보호자인 어머니를 실망시켜서 주어지는 보호와 돌봄을 빼앗기지 않기 위해 어린 자녀는 어머니의 윤리적 명령에 고분고분 따르려고 합니다. 문제는 어린 자녀의 마음속에 선천적인 윤리의 기틀이 잡히면서 어머니의 윤리적 명령에 대한 의구심이 마음속에 자라나기 시작할 때입니다. 이때는 어머니가 명령하는 윤리적 지시의 내용에 대해서 의구심은 들지만 그를 대체할 자기 자신의 윤리적 내용은 막연해서 혼란스럽기도 한 시기입니다. 따라서 어머니의 지시나 명령에 더 이상 고분고분 따르려고 하지 않고 반항적인 면모를 보이기도 하는데 이때를 우리는 미운 일곱 살이나 미운 다섯 살이라고 표현하기도 합니다. 어느 글에서는 이 시기를 유아 사춘기라고도 부르더군요.

이 시기에 어린 자녀는 심한 혼란스러움을 경험하기도 하는데 우선 어머니의 지시나 명령이 왠지 자기 마음에 들지 않는다는 느낌부터 가질 것입니다. 하지만 반박할만한 윤리적 논리를 채 갖추지 못하고 있어서 이는 반항적이거나 공격적인 말 또는 행동으로 표현됩니다. 그건 마치 마음이 몹시 헝클어져 있을 때 가까운 곳에 있는 무엇인가를 던져서 망가뜨리고 싶다는 마음과도 비슷할 것입니다. 그런데 요즘 젊은 엄마들은 그런 아

◀ 〈오이디푸스와
스핑크스〉, 구스타프
모로, 1864년, 미국
메트로폴리탄미술관 소장

이들에게 유화적인 몸짓을 보이기도 하는데 이를테면 "00이가 화가 많이 났구나, 왜 화가 났지?" 또는 "우리 00이가 많이 섭섭했구나. 왜 그게 섭섭하니?"라는 식으로 말이지요. 이런 말은 얼핏 논리적이고 이성적으로 보이기도 하는데 문제는 자기 마음에 들지 않아서 반항적이거나 공격적인 행동을 보인 자녀에게 부모도 화가 났다는 표시를 억지로 감추려고 하는 것입니다. 학습 심리학 이론에는 기대 이론이라는 것이 있는데 이는 꼭 직접 배워서야 익힐 수 있는 것이 아니라 선천적으로 어떤 행동에 대해서 상대방이 어떤 반응을 보일지 예상할 수 있는 능력을 가리킵니다. 따라서 공격적이고 반항적인 행동을 나타낸 어린 자녀는 당연히 부모가 그로 인해서 화가 났을 것이라고 짐작대 할 수 있습니다. 그런데 자기 짐작과는 달리 부모, 특히 자기를 보호하고 돌보는 역할을 전적으로 수행하는 엄마가 자기 자신의 그런 행동을 보고서도 얼굴에 미소를 잃지 않으면서 논리적으로 물어 오면 순간 아이는 당황하게 될 수 있습니다. 그건 어쩌면 엄마의 예상되는 행동을 짐작하고서 그다음 자기 자신이 어떻게 행동해야 할지를 염두에 둔 아이가 허를 찔린 듯한 느낌을 받아서일지도 모릅니다.

물론 자기 자녀의 마음을 살피고 이해하려고 노력하는 것이 나쁘다는 말은 아닙니다. 하지만 인간은 다른 동물들과는 달리 정서적인 교감이 무척이나 중요합니다. 그 표현은 주로 우리가 잘 통제하지 못하는 눈매나 얼굴 표정 그리고 말투에서 드러나는데요. 그렇게 논리적인 말과 비언어적인 표현이 서로 잘 어울리지 않을 때 듣는 사람도 긴장되고 곤혹스러워지지만 말하는 사람도 기계적인 논리를 사용해서 모범 답안 같은 성질의 것을 표현하려고 애를 쓰느라 무척이나 힘들어요. 잘못하면 너무 불어서 커져 버린 풍선이 갑자기 터지듯이 자신의 감정을 어쩌지 못하고 폭발해서 원치 않게 화를 내 버리는 수도 있습니다. 엄마의 이런 갑작스러운 감정 변화를 경험하는 아이들은 엄마가 억지로 절제된 표정으로 자신에게 논리적으로 묻거나 따진다면 이제 곧 엄마의 화가 폭발할 것이라는 기대 학습을 하게 됩니다. 그리고 이런 학습을 자주 하게 되면 그것은 아이의 머릿속에 일종의 도식schema으로 자리 잡아서 우리 엄마는 이런 사람이라는 고정 관념을 가지게 될 위험이 있습니다.

어머니의 브로치로
눈을 찌른 오이디푸스

　　오이디푸스의 신화로 돌아가서 말씀드리자면 오이디푸스가 자신을 낳아 준 아버지를 죽인 것을 현재 한국 사회에 빗대어 풀어보았을 때 이제까지 자신을 지배하던 엄마의 윤리적 지시나 명령에 반기를 드는 것으로 볼 수 있습니다. 그러나 그 상태는 여전히 물리적으로뿐만 아니라 심리적으로도 엄마의 보호와 돌봄이 필요하고 아직 자신의 독립적인 윤리 체계를 갖추지 못해서 표면적으로는 거부하더라도 마음속으로는 엄마의 윤리적 지시나 명령을 폐기하지 못한 상태에 비견할 수 있습니다. 이런 예를 진보적이라는 과격한 노래를 만들고 부르는 록 그룹에서 간혹 찾아볼 수 있는데요. 그들의 노랫말에는 어떤 권위도 따르지 않으려는 강한 반항심이 드러나긴 하지만 아직 마음속에 자신의 윤리적 체계가 제대로 들어서지 못하였기 때문에 자신도 모르게 그 반항적인 행동 규범을 남들에게 사실상 강제함으로써 새로운 권위로 자리 잡게 할 위험이 있습니다. 이와 비슷하게 사춘기에 이르면 기존에 자신

▲ 〈어머니이자 아내인 이오카스테와 이별하는 오이디푸스〉, 알렉상드르 카바넬, 1843년

을 지배하던 권위에 반항을 하게 되는데 요즘 유행하는 표현으로 말하자면 기존의 권위를 꼰대라고 부르면서 무시하고 비꼬며 얕잡아 보는 행동으로 나타나기도 합니다. 하지만 인간은 제아무리 겉으로는 아무렇지 않은 척해도 자신의 행동을 이끌 윤리적 규범이 없다면 혼란스러워지고 그에 따라서 방황하게 됩니다. 이런 방황은 주로 일탈 행동으로 나타나기도 하는데 흔한 예로 어른의 전유물로 여겨지는 담배를 피운다거나 마음에 들지 않아서 영 마땅치 않은 대상에게 폭언과 폭행을 하기도 합니다.

　겉으로만 볼 때 그런 아이들의 반항에는 이유가 없어 보여서 어른들의 눈으로 볼 때 이해가 안 가고 마뜩하지도 않지만 그 배후에는 '나 도대체 어떻게 살아야 하지?'라는 몹시 불안한 마음이 숨어 있고 이 스트레스는 타인을 공격하거나 자기를 파괴하는 행위로 표현되기도 합니다. 그런 혼란은 분명히 뭔가 옳은 것이 있다는 막연한 느낌은 받지만 그것의 정체가 무엇인지 종잡을 수 없기에 생길 것입니다. 그리고 혼란스러운 이유는 자신을 지배하던 기존의 권위를 파괴하고서 잠시 속이 시원해지기는 하지만 이내 그렇게 부정하고 무시한 권위의 명령이나 지시에 들어 있는 내용을 모조리 부정할 수는 없어서 불쾌하고 석연찮은 느낌을 받기 때문일 것입니다. 이는 신화에서 오이디푸스가 자식과 혼인을 했다는 사실을 알고 나서 자살한 어머니의 브로치로 자기 눈을 찌른 것과 연결될 수 있는데 제 개인적인 해석일지는 모르겠지만 오이디푸스가 자기 눈을 찌른 어머니의 브로치는 기존의 권위가 내린 윤리적 명령이나 지시의 내용을 상징한다고 저는 생각합니다. 그리고 눈이 먼다는 것은 종 종 심리적인 혼란을 비유할 때 쓰이는데 우리가 혼란스러울 때 눈앞이 흐려지고 외부 환경에 대한 관심이 자기 자신으로 돌려 져서 눈앞의 현실에 제대로 주목할 수 없는 것과 비슷한 현상 이기 때문입니다.

그리고 그렇게 눈앞이 흐려지는 이유는 지금껏 믿고 따라왔 던 기존의 윤리 체계에 대한 의혹에서 출발할 텐데요. 그 의혹 은 당연히 생각을 유발할 것이고 사람이 생각에 빠지면, 그것도 유쾌하기는커녕 힘들고 두려운 생각에 빠지면 갑자기 밖의 사 물들에 집중할 수 없을 것입니다. 그렇다고 해서 경험의 한계 와 동떨어질 수 없는 인식의 한계를 지닌 사람이 절대적인 윤 리 체계, 다시 말해서 아무런 모순도 없는 완벽하고 흐뭇한 윤 리 체계를 당장 마련할 수는 없습니다. 하지만 그런 이유로 불 안해진 마음을 달래 보겠다고 집단적 윤리에 투항하거나 자신 을 새로운 권위로 만들겠다는 시도는 모두 방향을 제대로 잡지 못한 태도일 것입니다. 모진 시어머니 밑에서 시집살이를 한 며 느리가 시어머니가 되면 자신에게 모질게 굴었던 시어머니가 빙의한 듯이 똑같은 시어머니 역할을 한다는 속담이 있는데 이 는 그동안 경험했던 시집살이를 통해서 학습한 대로 행동하는 것을 뜻할 것입니다. 그런데 왜 그렇게 되는 것일까요? 모진 시 집살이를 통해 며느리는 시어머니의 마음을 어느 정도 읽을 수 있게 될 텐데 그건 통제와 속박을 하지 않으면 며느리가 나를 우습게 볼 것이라는 공포로 차 있는 마음입니다. 이런 정서적 학습은 건조한 내용에 불을 지르는 것과 같은 것으로서 며느리가 시어머니가 되면 이전에 며느리일 때 속으로 느꼈던 시어머니에 대한 반발심과 비아냥거림을 기억할 것이고 사회적 위치가 바뀌었으니 그 오래전 기억을 바탕으로 '내가 며느리에게 오냐 오냐 하면 나를 우습게 여기고 비웃기까지 할 테지?' 하는 마음 때문에 예전에 시어머니로부터 배웠던 일종의 처세술 같은 모진 말과 행동을 자기 며느리에게 반복할 가능성이 높아질 것입니다.

물론 자기 자신의 윤리 체계를 세우는 것은 말처럼 그리 녹록치 않은데 그 이유는 윤리란 정서나 욕구와 떼려야 뗄 수 없는 관계를 맺고 있어서입니다. 다시 말해서 그리 달갑지 않은 정서인 혼란스러움과 두려움 그리고 남들의 비아냥거림이나 조롱에 대한 거부감 섞인 공포 등을 경험할 수 있기 때문입니다. 그래서 사람들은 다양한 의견이 존재하고 표현될 수 있는 민주주의 사회에 대한 심한 피로감을 느끼면서 미륵불처럼 초자연적인 구세주 같은 존재가 나타나 자신들의 삶을 이끌어주기를 바라기도 합니다. 그러나 설사 미륵불이 인류를 구원한다고 상상하더라도 자기화되지 않은, 즉 자기가 생각과 느낌을 통해 설득된 자기 자신의 윤리 체계가 아닌 타자의 윤리가 강요된다면 그런 인간은 다양한 의견과 주장이 난무해서 피곤함을 느끼는 고통으로부터는 해방될 수 있을지 몰라도 마치 영화 속에나 등장하는 좀비처럼 겉으로는 인간의 행색을 하고 있지만 속으로는 연료를 주입해야 움직이는 자동인형과 다를 바 없다는 아주 우울한 결론에 이르게 되고 맙니다.

개인적인 고유한
윤리란 가능한가?

　　　　　　　　　개인적으로 저는 자기 자신의 윤리
적 체계를 세우려고 할 때 같이 찾아오기도 하는 혼란스러움을
피할 수 없다고 생각하는데요. 그 이유는 달달 외우면 맞힐 수
있는 오지 선다형 문제와는 달리 과정으로서의 생각이 필요하
고 그와 밀접히 관련된 감정이 동반되기 때문일 것입니다. 즉
일종의 탐색 과정으로서 이게 맞을까 또는 저게 맞을까를 고민
해 보는 과정이 필요한데 그런 고민은 한쪽이 완전히 틀리지
않았지만 그렇다고 다른 한쪽도 완전히 틀리지는 않아서 갈등
하고 고민해 보는 과정입니다. 오지 선다형 문제는 하나만의 정
답을 가지고 있지만 현실 속에는 그런 객관적인 정답이란 없기
때문에 둘 또는 셋을 저울질해 보면서 취할 것은 취하고 버릴
것은 버리는 식으로 윤리적 판단을 내려야 할 것입니다. 그런데
이런 윤리적 판단도 종종 절대적인 것은 아니어서 현실의 검증
을 피하기 어려운 경우도 있습니다. 다시 말해서 이게 옳아 보
인다고 윤리적 판단을 했더라도 실제로 현실에 적용해 보니 완

전히 꽝은 아니어도 수정할 필요가 있는 경우가 적지 않은데요. 이는 자기 자신의 윤리적 체계, 즉 수정하고 폐기하는 과정을 거칠 가능성을 지닌 자기 자신의 윤리적 체계를 힘들여 발전시키는 것을 뜻하고 이를 정신적 성장이라고 달리 말할 수 있을 것입니다. 때로는 적지 않은 혼란과 갈등 그리고 고민을 통해서 말이지요.

그리고 고민과 갈등의 과정을 거치면서 자신의 윤리적 체계를 성장시킨 다음에야 타인의 윤리 체계를 다시금 곰곰이 생각해 볼 수 있는 가능성이 생길 것입니다. 왜냐하면 타인의 윤리적 체계의 배후에 존재하는 욕구나 감정을 가슴으로 파악해 볼 수 있을 때 비로소 타인의 그 윤리적 체계가 왜 성립되었는지 이해할 수 있고 그제야 타인의 윤리적 체계의 옳고 그름을 따져 보면서 판단할 수 있을 것이기 때문입니다. 저는 방금 '이해'라는 표현을 썼습니다. 물론 때에 따라선 타인의 마음을 이해하는 것이 힘들거나 아예 불가능할 때도 있습니다. 우린 상상 속의 신적 존재가 아니니까 말이지요. 하지만 언제나 그런 것은 아니어서 타인의 마음을 부분적으로라도 이해할 수 있는 경우도 있을 텐데요. 이는 그가 왜 그런 행동을 하게 되었는지 그 연유를 이해한다는 뜻이어서 옳고 그름의 차원에서 비추어 보면 언제나 공감할 수는 없습니다. 다만 그가 왜 그런 행동을 했는지 또는 여전히 그렇게 행동하는지를 이해하게 되면 그제야 그 사람의 마음, 즉 내적 동기를 이해할 수 있게 되지요. 그러면 설혹 그 행동에 동의할 수는 없어도 그 사람에 대해 경악하거나 전혀 이해 불가능해서 당황하거나 하지는 않을 것입니다.

그런데 우리가 경계해야 하는 점은 '타인의 윤리'라는 추상적이고 포괄적인 개념을 도 아니면 모 식으로 파악하는 것입니다. 원래 윤리는 구체적인 삶과 직결되어 있기 때문에 어떤 경우에는 옳아 보여도 다른 어떤 경우에는 적합하지 않은 경우도 있습니다. 그리고 한 사람의 윤리적 체계는 단일한 성질의 것이 아니어서 어떤 것은 옳아 보이지만 어떤 것은 옳지 않아 보이기도 하기 때문입니다. 이해를 돕기 위해서 예를 들자면 우리나라 민화 중에 효도란 어떻게 하는 것인지를 배운 어떤 젊은이가 자기 부모에게 효를 행한다고 하면서 추운 겨울 요를 덮혀 드린다고 부모님 요에 누웠다가 잠이 들어서 경을 치는 민화가 있습니다. 이 민화는 효도란 어떻게 하는 것이라는 것을 가르친 교과서적 내용에 따라 기계적으로 효를 행해서 그 형식만 따라 할 뿐 마음에서 우러나와서 하지 않는 어리석은 경우를 비꼬고 있습니다. 그래서 겉으로만 보면 효도를 하겠다고 부모의 요를 자신의 체온으로 덥히다가 잠이 들어버린 사람을 책망할 필요는 없습니다. 그건 그저 실수였기 때문이니 말이지요. 하지만 이 민화는 효도라는 행위에 앞서는 마음의 자세를 강조한다고 생각합니다. 그렇다면 자신이 부모의 요에 누워서 자신의 체온으로 요를 덥히지 않고 두꺼운 이불을 미리 부모의 잠자리에 덮어 놓는다거나 아궁이에 넣어 둔 연탄이나 장작불이 충분한지 확인해서 부족하다면 연탄을 새로 갈거나 장작을 더 집어넣을 수 있는 윤리적 유연성을 발견할 수 있을 것입니다. 타인의 윤리도 그와 같아서 어떤 경우에는 옳지만 어떤 경우에는 옳지 않을 수 있다는 점을 감안한다면 타인의 윤리에 무조

▲ 〈오이디푸스의 딸 안티고네〉, 프레데릭 레이튼, 1882년

건 반기를 들지 않을 수 있을 것입니다. 그렇게 할 때 타인, 특히 엄마의 윤리에 대해서 무조건적인 반항을 하지 않을 수 있게 되지요. 나아가 타인의 윤리에 대해서 옳고 그르다는 윤리적 판단을 내리더라도 그 차원을 떠나서 그저 타인의 윤리 체계를 그의 독자적인 윤리 체계로 인정할 수 있을 것입니다. 그것이 해롭거나 위험하지 않다면 말이지요. 다시 말해서 타인의 자유나 권리를 제약하고 방해하는 경우가 아닌 한에서 말입니다.

그리고 또한 조심해야 할 점은 자신의 윤리적 체계를 정립했다 하더라도 그 체계가 수정되거나 때론 폐기될 가능성이 있다는 점을 정직하게 인정해야 한다는 것입니다. 그렇게 하지 않는다면 때론 원치 않게 자신의 윤리적 체계가 완전하고 완벽하다는, 그래서 고정불변이라는 착각이나 심지어 망상에 빠질 수 있고 그래서 자신의 윤리적 내용을 명령이나 지시의 형태로 타인에게 강요할 위험이 있기 때문입니다. 이때 중요한 점은 그렇게 자신의 윤리적 체계를 강요할 때 그의 윤리적 내용을 강요당한 사람은 그 내용을 학습하기 전에, 즉 그것이 왜 옳은지 그리고 그것이 가능한지 찬찬히 따져보기 전에 그 명령이나 지시의 강압적인 분위기 때문에 우선 그에 대해 반발심을 가지게 될 것이라는 점입니다.

부모의 윤리와 자녀의 윤리

　　어머니의 브로치로 자신의 눈을 찔러 장님이 된 오이디푸스는 어떻게 되었을까요? 오이디푸스 신화는 더 이상 그에 대해 말하고 있지 않습니다. 물리적인 측면에서 보자면 어머니의 브로치로 자기 눈을 찌른 오이디푸스가 다시 시력을 되찾는 일은 불가능할 것입니다. 하지만 이를 상징적으로 보면 오이디푸스는 긴 암흑 같은 시간 동안 자신의 마음속에서 움트는 윤리적 충동과 기존의 어머니의 윤리적 체계의 충돌 때문에 많이 혼란스러웠을지도 모릅니다. 그러나 그는 어머니의 윤리 체계가 왜 자신을 괴롭혔는지 천천히 자각하게 되었을지도 모릅니다. 그건 형체를 뚜렷이 분간하기 어려운 독립에의 욕구 때문이었을 것입니다. 그 혼란은 분명히 윤리적 성격을 지니고 있었을 텐데요. 어쩌면 그의 귀에는 어머니의 목소리로 전해지는 윤리적 지시나 명령이 쟁쟁하게 들렸을지도 모릅니다. 분명히 다정한 목소리이지만 무언가 크고 무거운 돌덩어리가 얹힌 듯한 느낌으로 말이지요. 그런데 어머니의 윤리 체계가 그렇게 무거운 돌덩이처럼 짓누르는 듯한 느낌인 까닭을 오이디푸스는 깨달았을지 모릅니다. 그런 어머니의 목소리는 "그건 하면 안 돼. 왜냐하면 그건 위험하고 너에게 도움이 되지 않을 테니 말이야."라고 속삭였을지도 모릅니다. 그런데 오이디푸스는 마음속으로 독립에의 충동으로 인한 목소리를 느꼈을지도 모릅니다.

아이들은 어른들이 커 온 것처럼 원치 않게 실수도 하고 실패도 하곤 합니다. 사람이라면 현실 속에서 피해갈 수 없는 운명처럼 말이지요. 실수도 실패도 하는 아이가 그렇게 커 가는 것을 옆에서 지켜본다는 말은 멋져 보이긴 하지만 그게 녹록치 않다는 것이 사실입니다. 아주 오래전 동화인 벌거벗은 임금님의 이야기를 빌리면 자기의 마음을 속이고 싶어지더라도 속일 수 없다는 것은 너무도 뻔한 일입니다. 그리고 처한 상황이 열악해서 자기 자녀가 그런 상황 때문에 다치거나 해를 입을 가능성이 존재할 뿐만 아니라 점점 커졌을 때 부모, 특히 엄마들의 마음속에는 자기 자녀에 대한 불안감이 커질 때 위험천만한 두 가지 선택지가 있어요. 하나는 이런 위험한 상황 속에서 내가 내 자녀를 지켜야 한다는 마음 때문에 사사건건 일일이 옆에 붙어서 간섭을 하는 것이고 다른 하나는 그런 행동에 대해 거부감을 느끼면서 '나는 내 아이가 올바르게 자랄 것을 믿어.'라고 하면서 마음속에 독버섯처럼 자라난 불안감을 억지로 없애려고 하는 위험한 시도입니다. 이 두 가지 선택지가 모두 위험한 이유는 엄마 마음속에 있는 '보호하고 싶다.'와 '성장시키고 싶다.'라는, 다르지만 분리할 수 없는 결의 마음 중 하나만을 선택하고 다른 하나는 무시하거나 아예 그 존재를 억압하는 것이기 때문입니다. 방금 저는 마음은 속일 수 없다고 말씀드렸는데요. 설사 마음에 들지 않는 마음의 결을 무시하고 억압한다고 해서 그 마음의 결이 사라지지 않을뿐더러 심리적 정신적인 처리 과정을 거치지 않은 억압된 마음의 결은 다른 마음의 결과의 관계 맺음을 상실한 채 날 것 그대로 나타날 위험이 있습니다. 그래서 제 존재를 인정받지 못한 마음의 결은 반발심 때문에 원치 않게 커져서 폭발하게 될 위험이 있습니다.

그래서 사람들은 마치 무엇인가에 홀린 듯이, 요즘 유행하는 표현을 쓰자면 무엇에 빙의된 듯한 불쾌하고 섬뜩한 느낌을 받기도 합니다. 쏟아진 물을 다시 주워 담을 수 없기에 막심한 후회를 하면서 말이지요. 그런데 그런 경험을 하고도 자신의 '육아 철학'을 접거나 수정하지 않는다면 그렇게 키우는 아이는 점점 더 개성을 잃고서 엄마 말에 복종하는 자동인형처럼 되거나 사사건건 엄마 말이라면 무조건 반대만 하는 반항아로 클 위험이 커질 것이에요. 그리고 엄마 자신도 '아무리 애써 봤자 소용이 없다.'고 하면서 자기 자신에 대한 자존감이 점점 낮아지고 그 결과 인간에 대한 염세주의적인 결정론에 빠질 위험이 커질 것입니다. 글을 맺으면서 마지막으로 드리고 싶은 말씀은 사람의 삶이란 백 점짜리 정답 같지 않지만 성장이라는 목표, 그것도 종착점이 없는 산등성이 길 같이 계속 앞으로 움직이는 목표를 가지고 있다는 것입니다. 그리고 올바름은 올바르지 않음을 전제로 하기 때문에 그 구분을 직접 느끼려면 곧은 길 같은 성장이 아니라 구불구불해서 때론 혼란스럽고 때로는 두렵고 때로는 무릎이 꺾이다가 힘겹게 다시 일어서는 삶의 과정을 반드시 거치면서 둘 사이의 차이를 확인해야 한다는 것입니다.

물론 그 누구도 실수나 실패를 원하는 사람은 없어요. 원치 않게 그런 경험을 하곤 하지만 그 실수나 실패를 정직하게 인정하고서 견뎌 낸다면 그것은 삶의 밑거름이 될 수 있어요. 게다가 과거의 실수나 실패는 닥쳐올지도 모르는 다른 실수나 실패의 가능성을 줄이는 긍정적인 기능을 담당할 수도 있습니다. 그래서 이런 말씀을 드리고 싶습니다. 곰곰이 생각해 보면 부모도 한낱 인간으로서 고민하고 갈등하며 때로는 그 해결이 막막해서 피하고 싶고 잊어버리고 싶은 것처럼 자녀도 해결 능력은 부족할지 모릅니다. 그렇게 고민하고 갈등하다가 자신에게 닥친 문제를 피하고 싶어지기도 하고 잊어버리고 싶어지기도 하지만 그게 가능하지 않아서, 즉 자신에게 닥친 문제이기에 머리를 끙끙 앓으면서 어떻게든 그 문제에서 벗어나고 싶은, 부모와 똑같은 인간적인 존재라는 것을 정직하게 그리고 '겸손하게' 고개를 끄덕이면서 당연한 사실로 인정부터 해야 하지 않을까라고 생각합니다. 그래야만 자녀를 나와 같이 원치 않게 실수도 실패도 할 수 있지만 자신에게 닥친 문제를 해결하고자 하는 한낱 인간으로 보게 되면서 여전히 불안하지만 울퉁불퉁한 삶의 길을 걷고 천천히 성장할 것이라는 믿음을 버리지 않을 수 있을 것입니다. 그래서 부모에겐 불안한 시선으로 옆에서 지켜보는 끈기가 필요할 것입니다. 단 아이가 곤란한 표정으로 "엄마, 아빠. 도대체 이건 어떻게 해야 돼?"라고 물어올 때 "그건 말이지. 엄마와 아빠도 예전에 고민해 보았는데 이렇게 해 보았어."라는 인간적인 작은 도움을 주려고 하는 준비를 하고서 말이지요.

편견과
일반화

8

프로크루스테스의
침대

▲ 프로크루스테스를 처치하는 테세우스의 모습이 새겨진 암포라, 기원전 570~560년경,
  독일 국립고대미술박물관 소장

편견과 선입견 그리고
인간 의식의 한계

　　우리는 흔히 편견에 사로잡히지 말라든가 선입견을 가지고 다른 사람을 판단하지 말라고 합니다. 사전적 정의로 편견이란 상대방에 대해 한쪽으로 치우친 견해를 뜻하고 선입견은 상대방에 대해 미리 들어온 정보에 바탕을 둔 견해 정도로 풀이되는데 이 두 표현은 가치 판단적으로 쓰이곤 해서 고약한 느낌을 풍깁니다. 그런데 편견이나 선입견으로부터 자유로울 사람이 있을까요? 예를 들어서 학교나 회사 또는 모임에서 어떤 사람을 처음 만났을 때 본 인상이라든가 말투 등을 통해 '저 사람은 이런 사람 같으니까 가까이해도 좋겠지?'라고 판단하거나 그 반대로 왠지 인상이나 말투 등이 꺼림칙한 느낌 때문에 거리를 두는 경우를 생각해 보면 선입견으로부터 자유로울 수 있는 사람은 아무도 없을 것입니다. 물론 선입견이라고 하면 주로 상대방에 대한 부정적인 견해를 가리키지만 그 반대로 특정한 사람에 대한 기대치가 상대적으로 높아서 한껏 기대했다가 사실은 그렇지 않다는 것을 알게 되어서 몹시 실망하는 경우도 있습니다. 이에 걸맞은 경우로는 프랑스 대학입학시험의 철학 논술 문제 중에 '좋은 선입견은 존재하는 가?'라는 문제를 들 수 있습니다.

　이런 견해는 비단 상대방인 사람에게만 적용되는 것이 아니라 대상과 관련해서도 인간의 경험적 한계로 말미암아 종종 생기는 현상인데요. 저의 예를 하나 들자면 신혼여행 때 호텔에서 아침 식사로 전복죽을 먹은 적이 있습니다. 그때까지 비싸서 사 먹지는 못했지만 사람들이 맛있는 음식이라고 평을 해서 적지 않은 기대감으로 전복죽을 먹었는데 한입 뜨고는 속으로 바로 '전복죽이 맛있다더니 별로네.'라고 느끼게 되었고 그 뒤로는 잔치 자리에 전복죽이 나와도 성큼 숟가락이 가지 않았습니다. 물론 예의상 먹는 시늉은 했지만 말이지요. 그와 비슷하게 편견도 우리 경험의 범위를 넘어설 수 없어서 가지게 되는데 이 편견이 그저 편견이었음을 깨닫게 되는 경우는 그가 자신의 기대와는 달리 뜻밖의 말이나 행동을 했을 때입니다. 즉 '아, 내가 그동안 그를 이렇게만 생각했었는데 그와는 다른 면도 있구나.'라는 사실을 깨달았을 때 비로소 자신이 가지고 있던 그에 대한 견해가 한쪽으로 치우친 편견이었을 뿐이라는 점을 확인할 수 있다는 것입니다. 그런데 편견과 선입견이 나쁜 어감을 가지는 이유는 자신의 견해가 한쪽으로 치우쳤거나 부분적일 뿐이라는 사실을 깨닫고도 얄팍한 자존심을 지키기 위해서나 사실을 사실로 인정하기 싫어서 계속 그 편견과 선입견을 고집하기 때문일 것입니다. 그런데 이런 선입견은 직접적인 경험이 아니라 주로 간접적인 경험, 이를테면 소문이나 요새 유행하는 짧은

SNS 같은 것으로 만들어집니다. 그리고 예전보다 발전한 기계 문명 탓에 그 소문은 전보다 엄청나게 빨리 그리고 넓게 확산되어서 종종 여론을 형성하기도 합니다. 이런 대중화된 여론을 따르지 않았다간, 아니 더 정확히 표현해서 따르는 시늉이라도 하지 않았다간 왕따를 당해서 사회적으로 고립되는 불쾌한 경험을 원치 않게 하기도 합니다.

그리스 신화 속 프로크루스테스는 그리스 아티카의 강도로 아테네 교외의 언덕에 집을 짓고 살면서 강도질을 했는데 그의 집에는 철로 만든 침대가 있었고 지나가는 행인을 붙잡아 자신의 침대에 누이고는 행인의 키가 침대보다 크면 그만큼 잘라내고 행인의 키가 침대보다 작으면 억지로 침대 길이에 맞추어 늘여서 죽였다고 전해집니다. 이 신화 속에 나오는 침대를 고정 관념이라고도 불릴 가능성이 있는 선입견이나 편견이라고 상상해 보면 자신과 다른 의견을 제시하는 사람에게 반박할 주장이나 반론이 마땅히 없을 때 야유를 하거나 조롱을 하거나 다수의 의견이라는 말도 안 되는 논거를 들이대면서 자신도 스스로 납득하지 못하는 의견이나 주장을 계속 고집하는 것을 비유한다고 볼 수 있을 것입니다. 앞에서도 말씀드렸듯이 인간은 제한된 인식의 한계로 인해서 사물뿐 아니라 사람에 대해서도 '편견'이나 '선입견'을 가질 수 있고 이는 아주 자연스러운 현상입니다. 저는 대학생일 때 그 당시로는 2, 3살 차이가 나는 대선배로부터 "인식의 지평이 넓어진다."라는 철학적 표현을 들은 적이 있습니다. 그 말을 나중에 곱씹어 보니 비록 인간이 제한적인 인식의 한계를 가지고는 있지만 직접 또는 간접적인 이런저런 경험을 통해서 여전히 한계를 지닌 인식의 폭이 넓어질 뿐만 아니라 깊어질 수 있다는 뜻을 담고 있음을 깨달을 수 있었습니다. 물론 우연히, 그러니까 그건 뜻하지 않게 접한 정보를 통해서이기도 하지만 어떤 계기로 '과연 그게 맞을까?'라는 의혹 때문에 노력을 기울여서 알게 된 다른 사실들 때문이기도 합니다. 그런데 이런 인식의 확장을 가로막는 것은 다름 아니라 자신의 선입견이 완전히 또는 부분적으로 틀렸음을 알게 됐음에도 불구하고 알량한 자존심 때문에 때로는 기존에 가지고 있던 자신의 인식 내용에 균열이 가서 머릿속이 복잡해지며 혼란스러워진 상태를 도무지 인정하기 싫어서 고집을 피우는 경우도 있습니다. 머릿속으로 그리고 그에 따라 가슴으로도 이미 새로 접한 사실이 맞다는 판단이 내려졌음에도 불구하고 말이지요.

지나침이 부족함보다
못한 이유

　　심리학뿐만 아니라 다른 사회 과학
이나 자연 과학에서도 쓰이는 '일반화의 오류'라는 표현이 있
습니다. 이는 '과유불급'이라는 표현과 맞닿아 있는데 이 한자
성어를 풀어 보자면 '지나침이 부족함보다 못하다.'입니다. 언
뜻 이 표현은 말이 되지 않아 보이는데 그 이유는 모자란 것보
다 남아넘치는 것이 더 좋다는 식으로 해석될 수 있기 때문입
니다. 하지만 이 한자성어는 인간의 지나친 욕심을 가리키는 말
로 우리나라 속담인 '벼는 익으면 고개를 숙인다.'라는 표현과
일맥상통합니다. 즉 자신이 오랜 시간에 걸쳐서 쌓아 온 지식
과 경험을 바탕으로, 한계를 가진 인간 인식의 확장으로 전보다
더 많고 깊은 지혜를 가지게 되었지만 여전히 인간이 넘을 수
없는 절대적인 인식의 한계와 더불어 현재 시점의 인식의 한계
를 정직하게 인정해야 한다는 뜻으로 풀이될 수 있을 것입니다.
예를 들어서 저는 토종 한국 사람이지만 외국인이 한국의 대표
적인 음식으로 무엇을 꼽을 수 있겠느냐는 질문에는 제 경험의

한계 때문에 정확히 답변할 수 없고 고작해야 '불고기가 유명하다.'고만 답변할 수 있을 것입니다. 게다가 민주주의를 어떻게 정의내릴 수 있느냐는 질문에는 직접 보통 선거를 통해 대통령과 국회의원을 선출하는 제도라든가 다양한 의견을 제한 없이 주고받을 수 있는 제도 정도로밖에 내릴 수 없습니다. 그리고 제가 오랫동안 심리학을 공부하기는 했지만, 그리고 그 덕으로 인간에 대해서, 즉 오래전 심리학을 공부하기 시작했을 때와 비교하면 인간의 마음에 대해서 훨씬 넓고 깊게 이해하게 되긴 했지만 인간에 대해서 모든 것을 알고 있지는 않습니다.

일반화의 오류는 때로는 실수로 저지를 수 있는데 이때는 개별적 사고방식이 아니라 집단적 사고방식이 작동하기 때문일 것입니다. 우리는 자신의 가까이에 있어서 다른 사람들이나 대상보다 구체적으로 경험해 온 사람이나 대상에 대해서는 개별적 판단을 내리는 경향이 있습니다. 즉 그 또는 그것을 어떤 집단이나 범주에 넣고 그에 대한 집단적 속성에 바탕을 두며 판단하는 것이 아니라 경험적으로 접한 그것의 구체적인 속성들을 바탕으로 판단합니다. 그에 반해서 신문이나 티브이 뉴스 또는 드라마나 영화를 통해 피상적으로 접한 사람이나 대상, 그러니까 나와는 직접적인 관계를 맺고 있지 않은 사람이나 대상에 대해서는 얄팍한 정보를 바탕으로 섣부른 판단을 내릴 위험이 있습니다. 물론 인간이 모든 대상이나 사람에 대해서 속속들이 알 수 없고 그럴 필요도 없지만 '섣부른'이란 표현이 말해 주듯이 집단적 판단은 종종 일반화의 오류를 저지르게 만드는 이유가 되곤 합니다. 그리고 나와는 별 상관도 없기 때문에 또는 내가 그렇게 집단적 판단을 내려서 상대방에게 피해가 갔더라도 나는 손해 볼 것이 없다고 생각하기 때문에 무심코 일반화의 오류를 저지르기도 합니다. 게다가 끊임없이 비교를 강요하고 강요당하는 한국 사회에서 "저는 그것까지는 잘 모릅니다."라는 정직한 태도에 바탕을 둔 말이 상대방을 가볍게 여겨도 좋겠다는 판단의 근거로 작용하여 일반화의 오류를 바탕으로 한 허위의식에 대한 유혹은 적지 않기도 합니다. 그런데 일반화의 오류에는 정서적인 측면이 숨어 있습니다. 달리 말해서 그저 내게 싫은 것을 가치 판단적으로 틀리다고 합리화하기 위해 의도적으로 일반화를 시키는 경우입니다. 이는 침소봉대라는 한자성어처럼 극히 일부분의 경우를 확장시켜 일반적인 경우인 것처럼 과장하는 것일 수 있고 극단적으로는 허구적인 전제를 만들어서 그 전제에 짜 맞추듯이 일반화를 하는 경우입니다. 자신의 입맛에 맞게 진실과 허위라는 매우 주관적인 인식의 필터를 사용하면서 말이지요. 그리고 같은 의견을 가진 다수의 집단으로 도망치면서 그저 다수의 의견일 뿐인 주장을 진리라고 우겨 가면서 말입니다.

저는 방금 '집단적 의견'이라는 표현을 사용했습니다. 집단적 의견이란 사회적 여론이라고 달리 불릴 수 있을 텐데 형성된 여론이 반드시 틀리다고 할 수는 없지만 어떤 여론에는 심한 불안감이 숨어 있다고 생각합니다. 즉 혼자서는 상반된 주장이나 견해를 논리적으로 반박할 수 없어서 마음이 몹시 불안정해질 때 같은 편을 찾아 무리를 이루고 그를 통해서 심리적 안정감을 되찾고자 하는 시도입니다. 그런데 불안감에는 그에 대한 합당한 이유가 존재합니다. 즉 뭔가 잘못되었다, 뭔가 옳지 않다는 느낌을 통해서 불안감이 나타나게 될 텐데 그 불안을 완화할 수 있는 방법은 그렇게 자신의 마음을 불안하게 만드는 이유부터 확인하고 인정하는 것입니다. 그렇지 않고 비슷한 주장이나 견해를 밝히는 사람들과 무리를 이루는 것만으로 자신의 불안함을 가라앉히려는 시도는 잠시 그것이 가능할 수는 있겠지만 자신의 마음에서 불안을 일으키는 원인을 인정하지 않기 때문에 궁극적으로 그 불안을 가라앉힐 수는 없습니다. 이때 마음의 경고 신호, 즉 무엇이 더 이상 옳지 않아 보인다면서 마음을 불편하게 만드는 내면의 경고 신호를 자꾸만 무시한다면 더 큰 위험에 빠질 수 있는데요. 그건 부분적으로 또는 전체적으로 잘못된 자신의 견해나 주장이 맞는다는 것을 고집하기 위해서 점점 더 극단적으로 사실이 아닌 왜곡된 또는 허위적인 정보를 사실이라고 우기려는 위험입니다. 그에 따라 불안이 가라앉기는커녕 점점 더 커지는데도 말이지요.

모난 돌이 정 맞는 이유

사람은 도저히 혼자 살 수는 없는 운명을 타고난 존재여서 이른바 사회생활을 해야 합니다. 특히 자기 입에 들어갈 음식과 입을 옷 그리고 몸 뉘일 거처를 위해 사회 속에서 남들과 함께 경제적 생활을 해야만 합니다. 태어날 때부터 신분이 정해져서 농사를 지은 땅 주인에게 비싼 소작료를 내고 남은 곡물로 간신히 생계를 이었던 봉건제 시절이 막을 내리고 같은 물건을 대량으로 생산할 수 있는 공장을 지어서 싼값으로 물건을 팔 수 있게 된 자본주의 사회로 접어든 지 꽤나 시간이 지났음에도 불구하고 정신적 태도 정도로 거칠게 번역할 수 있는 멘탈리티mentality는 여전히 유교적인 상태를 제대로 벗어나지 못한 한국 사회에서 사람을 상하로 나누는 위계질서로 아직 힘을 잃지 않고 있습니다. 하지만 태생부터 신분제 질서에 얽매였던 과거 봉건제 사회와는 달리 교과서적인 헌법에 따르면 누구나 자신의 능력을 바탕으로 자유롭게 살 수 있게 되었기 때문에 한국 사회의 경제적 사다리 위로 오르려는 사람들이 무척이나 많습니다. 그 이유는 여름에 홍수가 나면 집에 물이 들어차고 벽지에는 곰팡이가 피는 열악한 경제적 조건에서 벗어나기 위해서이기도 하지만 다른 한편으로는 가난하면, 그것도 상대적으로 가난하면 남들로부터 무시와 조롱을 당하고 업신여김을 당한다는, 사회적으로 음습하게 그러나 확고하게 공유되는 정신적 태도일 것입니다. 그런 태도를 잘 보여주는 사례는 아주 오래전에 고급 승용차로 고속도로를 달리던 재벌 2세 자제들이 자신들이 몰던 차를 작은 경차가 추월하자 심하게 자존심이 상한 나머지 그 경차를 따라가 멈추게 한 뒤 경차를 몰던 사람을 때려죽였다는 어처구니없는 사실입니다.

그래서 한국 사회에는 '모난 돌이 정 맞는다.' 또는 "그놈이 그놈이지. 다 도토리 키 재기야."라는 처세술적인 표현이 있는지도 모르겠습니다. 모난 돌이 정을 맞는 이유는 건축학적으로는 표면을 고르게 하기 위함인데 이 표현이 사회적으로 쓰이면 "괜히 나섰다가 경치지 말고 그저 시키는 것만 잘해!"라는 태도와 깊은 관계가 있습니다. 그런데 '모난 돌'이라는 표현에서 '모났다.'라는 표현만 골라서 얘기하자면 '나는 너와 다르다.' 또는 '다른 의견을 가지고 있다.' 쯤으로 해석할 수 있습니다. 그런데 다름은 때에 따라서 조율될 필요가 있는데 그 조율을 가능하게 하는 수단은 서로 말하고 듣기, 즉 토론입니다. 그리고 토론은 항상 자신이 내세우는 의견이나 주장에 대한 합당한 근거를 필요로 합니다. 즉 당신과 달리 내 의견은 이렇다고 주장하려면 어째서 그런 다른 의견을 내세우는지에 대한 근거로서 합당한 이유를 설명해야 한다는 것입니다. 오래전부터 신문 지상에 등장하곤 했던 공무원 사회의 사회적 태도를 가리키는 말로 '복지부동'이 있습니다. 이 말을 풀이하면 '땅에 엎드려 움직이지 않다.'인데 왜 그런 사회적 태도가 공무원 사회에 만연했는지 제대로 이해하기 전까지 저는 그 표현을 읽으면 황당하고 어이가 없어 좀 화가 치밀곤 했습니다. 하지만 괜히 상사의 일방적인 명령에 토를 달았다간 시쳇말로 모가지가 날아갈 위험이 있고 그렇게 하지 않아도 월급은 매달 꼬박꼬박 통장에 들어온다는 상황을 알게 된 이후로는 화가 나기보다는 표현하기 힘든 슬픔을 느꼈습니다. 물론 규모가 큰 공공 기관이 우리나라에만 있는 것은 아니어서 그런 사회적 태도가 다른 선진국에는 전혀 없다고는 말씀드릴 수 없지만 내가 나의 이런 주장을 밖으로 밝혀도 옷 벗고 기관에서 퇴직하거나 한직으로 좌천당할 심각한 위험이 실제로 얼마나 존재하는가 여부에 따라서 그 정도는 다를 것이라고 생각합니다.

갑자기 다른 얘기지만 우리나라에서 흔히 쓰는 심리적 질병인 화병이 외국의 백과사전에 외국어로 번역되지 않고 hwabyeong이라고 그대로 기재되어 있다고 하는데 그 이유는 그만큼 화병이 한국 사회의 고유한 심리적 질병으로 분류되기 때문일 것입니다. 물론 화병은 일종의 우울증으로 분류될 수 있고 특히 선진국 같은 나라에서도 권위적인 부모나 학교 선생 또는 기업의 상사로 인해 심각한 우울증을 앓는 사람들이 있긴 합니다. 그런데 화병은 이른바 시키면 토 달지 말고 시키는 대로 하라는 사회적 태도 때문에 자기 자신의 고유한 의견과 주장을 전혀 밖으로 드러내지 못하거나 순간적인 충동으로 인해서 드러냈다가 돌이킬 수 없는 사회적·경제적인 손해를 보는 경우를 가리킬 뿐만 아니라 화火라는 표현처럼 억압된 또는 눌린 어쩔 수 없는 분노도 함께 표현합니다. 그리고 그 정서가 그저 순간적인 화가 아니라 화병으로 표현되는 이유는 그만큼 만성적으로 항상 그런 기가 막히고 말도 안 되는 명령을 예상되는 사회적, 경제적인 막대한 불이익 때문에 그저 아무 말 없이 따라야만 해서 마음속에 차곡차곡 쌓여 점점 더 심하게 꿈틀대는 만성적이고 풀 길 없는 억압된 분노이기 때문일 것입니다.

철학의 한 분파로 현상학이라는 갈래가 있는데 제가 오래전인지 심리학을 공부할 때 인지 심리학 교과서의 첫머리에는 현상학적인 방법론을 사용한다는 설명이 있었습니다. 사실 인간의 인식 능력의 한계 때문에 눈으로 관찰할 수 있는 현상도 그 배후에 어떤 이유나 원인이 있는지 파악하기가 쉽지 않거나 아예 불가능할 때가 있는 것은 사실입니다. 하지만 현상학적인 방법론이 위험한 경우도 있는데 그 이유는 눈으로 관찰한 현상을 외부의 조건 탓인지 아니면 내재적인, 다시 말해서 외부의 조건과는 상관없이 내재적으로 결정된 요인에 의한 것인지를 설명할 때 주로 결정론적으로 원인을 돌려버릴 위험이 있기 때문입니다. 그런 예로 제가 독일에서 유학을 하다가 대기업 공장에서 아르바이트를 한 돈으로 잠깐 한국에 들를 기회가 있었는데요. 어느 날 손윗동서와 함께 술자리를 하게 되었고 술을 같이 마시던 손윗동서의 입에서는 한국인은 어쩔 수 없다는 표현인 '엽전 의식'이라는 말이 나왔습니다. 손윗동서가 어렵기도 했고 제 의견을 밝히면 분위기가 몹시 어색해질 위험이 있어서 밖으로 말을 꺼내진 못했지만 저는 속으로만 "형님은 틀렸어요. 한국 사람들의 유전자 속에 엽전 의식이 새겨져 있어서 그런 것이 아니라 관습적으로 그리고 도덕적으로 유교적 문화가 한국 사회에 깊숙이 배어 있기 때문에 한국 사람들이 그렇게 행동하는 것이라고 저는 생각해요."라고 말했습니다. 그 근거로 다시 화병을 들 수 있을 텐데요. 그 이유는 만약 한국 사람들의 유전자 속에 어쩔 수 없는 엽전 의식이 새겨져 있다면 유교적 문화에 잘 적응해서 별 문제 없이 살 수 있을 텐데 그 유교적인 상, 하의 위계질서 문화로 억울하고 분해도, 속상해도 말 한마디 할 수 없는 사회적 분위기 때문에 어쩔 수 없이 체념은 했지만 마음속에는 화가 차곡차곡 쌓이고 급기야 심리적인 질병으로 변하는 현상을 설명할 수 없기 때문입니다. 그리고 도토리 키 재기라는 표현처럼 제가 그런 사회 분위기 속에서 회사에 다니거나 공공 기관에 취업해서 일을 한다고 상상을 해 보니 한국 사회에 음습하게 퍼져 있는 유교적 사회질서 속에서 저도 목구멍이 포도청이라 어쩔 수 없이 그 분위기에 따라서 울며 겨자 먹기 식으로 살 수밖에 없겠다는 판단도 들었습니다. '그렇게 산다면 얼마나 고단하고 고통스러울까, 비록 물질적으로는 부족하지 않더라도 말이야.'라는 생각을 동시에 하면서 말이지요.

나는 누구인가? 또는 어떤 사람인가?

　　'나는 누구인가?'라는 질문은 나와 다른 남들을 전제로 하고 있습니다. 즉 피부 색깔이 약간 노랗고 머리카락의 색은 원래 까맣고 입으로는 한국어를 말하는 엄청난 숫자의 한국 사람들 속에서 타인과 구별되는 '나는 도대체 누구인가? 어떻게 그 구별이 가능한가?'라는 질문 앞에서 말입니다. 엉뚱한 얘기로 들릴지 모르겠지만 엄마의 뱃속에서 나온 젖먹이에게는 비록 아직은 옳고 그름을 분간할 능력은 결여되어 있어도 좋고 싫은 것은 분간할 줄 알아서 배가 고프면 엄마 젖을 찾으며 울고 새로 갈아입힌 기저귀에 소변이나 대변을 지리면 불쾌해서 울고 졸리면 졸린다고 우는데요. 이는 편안함과 불편함을 구분할 줄 아는 선천적인 능력이 있어서 가능합니다. 그리고 젖먹이는 엄마가 피곤하든 힘들든 상관없이 자신의 결핍된 욕구를 채워 줄 것을 울음으로 요구하는데 이 상태를 정신 분석학에서는 건강한 나르시시즘 단계라고도 부릅니다. 그런데 이 단계가 건강한 이유는 이런 자기 욕구 충족의 결핍과 충족 상태를 몸으로 직접 경험해 보면서 차츰 엄마라는 절대적인 보호자의 마음 상태를 짐작할 수 있게 되고 나아가 엄마 이외의 타인들의 마음 상태도 미루어 짐작할 수 있기 때문입니다. 저는 개인적으로 이런 구체적인 욕구 충족의 결핍과 충족의 경험을 통해서 양심이 자라난다고 생각합니다. 그런데 이렇게 물으시는 분이 계실지도 모릅니다. 양심의 기능이 작동하려면 자신의 이익을 돌보지 않고 희생해야만 가능한 것이 아니냐고 말이지요. 그런데 곰곰이 생각해 보면 양심이란 비록 나에게 어떤 이득이 될 것으로 보이는 행위로 인해 타인에게 물질적 또는 심리적 손해를 끼치는 것에 대해서 제동하는 기능을 가지고 있습니다. 그렇다면 상상력을 동원해서 타인에게 끼칠지 모르는 손해를 생각해 보아야 하는데 이는 역지사지 같은 방법으로 '내가 만약 그런 경우를 당한다면?'이라는 상상을 통해 가능합니다. 그런데 상상을 통해서나마 '내가 그런 불이익을 받는다면?'이라는 생각을 하려면 나를 이기주의적인 태도로 바라볼 수 있는 능력을 반드시 갖추고 있어야 하므로 나의 이기주의적인 욕구가 없다면 양심이란 구조와 기능도 존재할 수 없다는 결론에 이르게 됩니다.

스위스의 정신 분석학자인 카를 구스타프 융은 개인적 무의식이라는 개념과 함께 집단적 무의식이라는 개념을 도입했습니다. 이때 집단적 무의식이란 모든 사람이 공유하는 성질의 것으로 자연 과학적으로 풀어서 말씀드리면 유전자 속에 각인된, 아직 제대로 가다듬어지지 않은 씨앗의 형태로의 집단적 또는 일반적인 성질입니다. 이 집단 무의식의 존재로 말미암아 비로소 나와 다른 타인을 똑같은 인간, 즉 배고프면 음식을 찾고 추우면 두꺼운 옷을 찾으며 피곤하면 쉴 수 있거나 잘 수 있는 거처에 대한 같은 욕구를 지닌 존재로서 볼 수 있게 됩니다. 물론 좋아하는 음식 종류나 입고 싶은 옷의 디자인과 색상 그리고 몸 뉘일 가옥의 형태는 제각각일 수 있겠지만 말이지요. 이런 이유로 우리는 변변치 못한 살림 때문에 열악한 환경에 처해 있는 타인에게 측은함을 느끼게 되기도 하는데 그것이 가능한 이유도 '만일 내가 저런 열악한 상황에 처한다면?'이라는 상상을 통해 가능합니다. 바로 집단적 무의식을 통해서 말이지요.

저는 앞에서 좋아하고 싫어한다는 범주적 차원을 언급했습니다. 그런데 이 선천적인 범주를 바탕으로 나와 다른 타인을 구별하게 됩니다. 물론 얼굴 모양이나 키, 그리고 목소리 등의 신체적 조건에 따라서도 남과 나를 구분할 수 있겠지만 대중에 섞여서도 나를 구분할 수 있는 이유는 나 자신만의 고유한 취향과 관심 때문입니다. 그런데 중요한 점은 가치 판단을 할 때 나와 타인을 구분할 수 있는가에 대한 여부입니다. 그렇다면 같은 또는 비슷한 의견을 가진 타인과 나 자신을 어떻게 구분할 수 있냐는 질문을 던지실 분도 계실지 모르는데요. 비록 겉으로 보기에 같은 또는 비슷한 의견이나 주장을 하더라도 그가 자신의 제한된 경험과 선천적인 인식의 틀을 통해서 그 의견을 직접 생각해 냈는지 아니면 어디서 주워들은 주장이나 견해를 앵무새처럼 되뇔 뿐인지의 질문이 중요합니다. 물론 어디선가 우연히 접한 정보가 옳을 수도 있지만 문제는 그렇게 접한 내용에 대해 스스로 생각해 보거나 저울질해 보고 판단해 보는 과정을 거쳤는지 아니면 그저 자신이 숭배하는 절대적 권위를 지닌 소유자의 의견이기 때문에 맹목적으로 받아들인 것인지에 따라서 그것이 자기 의견인지 여부가 결정됩니다. 즉 같은 또는 비슷한 의견을 공유할지라도 내가 생각하고 느낀 과정이 필수적일 뿐 아니라 그런 생각을 부추긴 욕구가 진정한 자신의 욕구인지 여부가 매우 중요합니다.

자기 자신에게
솔직해지기

　　우리 속담에 울며 겨자 먹기라는 것
이 있습니다. 이 속담은 '나는 운다.'와 '겨자를 먹는다.'라는 두
가지 명제로 나눌 수 있는데 그 표현에는 없지만 논리적인 연
결을 위한 '그렇기 때문에'라는 접속사가 숨어 있습니다. 그렇
다면 겨자를 먹기 때문에 운다는 논리적 연결이 가능할 텐데
문제는 왜, 즉 무슨 이유로 눈물을 흘리게 하는 고통스러운 경
험을 할 줄 알면서도 굳이 겨자를 먹느냐는 것입니다. 자, 이제
숨겨진 원인을 찾기 위해서 행간을 읽는 식으로 이 속담을 풀
어 볼까요? 불쾌한 경험을 하게 될 줄 알면서도 그것을 감당한
다는 그 속담의 뜻에는 피하기 힘들거나 불가능한 상태가 숨어
있습니다. 앞에서 저는 복지부동이라는 한국의 공무원 사회에
내재한 사회적 태도에 대해 언급한 바 있습니다. 그저 상상일
뿐이지만 만약 공무원 사회에서 자신의 의견이나 주장을 내세
워도, 그것도 조직의 건강한 질서나 분위기를 해치지 않으면서
그렇게 해도 더 이상 불이익이 주어지지 않는다면 어떤 현상이

나타날까요? 그렇게 된다면 우선 과도기적인 현상이 나타날 텐데 이는 새롭고 낯선 환경에 처해서 자신의 생존과 안전을 위해 그 환경을 탐색해 보는 것과 많이 다르지 않을 것입니다. 이 과도기적 현상은 우선 어리둥절한 혼란을 야기할 텐데 이때 드는 의혹은 '이게 웬일이야? 이렇게 바뀐 환경적 조건들이 과연 지속될까? 그리고 바뀐 환경적 조건들이 나에게 이득이 될까?'라는 의혹입니다.

다른 속담으로는 '구관이 명관이다.'라는 것도 있는데 이 속담은 이미 관습이나 제도로 굳혀져서 익숙한 것과 비교해 보면 더 나아 보이기는 하지만 확신할 수 없어 불안한 새것보다는 더 낫겠다는 태도를 가리킵니다. 이 속담대로 복지부동하지 않아도 예상되는 불이익이 없다는 분위기가 조성되려면 우선 그렇게 바뀐 환경적 조건이 지속될 것이라는 믿음이 있어야 합니다. 그래서 처음에는 어리둥절하고 불안한 느낌 때문에 괜히 나섰다간 어떤 예상치 못한 불이익을 받을지도 모른다는 의혹이 지배적일 수 있습니다. 그런데 믿음이란 동일하거나 비슷한 경험의 축적을 통해서 성립되고 강화되는 성격을 가지고 있습니다. 그래서 시간이 지나면서 자신의 여전한 복지부동적인 태도가 이득을 가져오기는커녕 불이익을 초래한다는 비슷한 경험을 연거푸 하게 되면 그제야 더 이상의 불이익을 피하기 위해서 자신의 태도를 바꾸게 될 것입니다. 이때 제2차 과도기적인 성향이 나타날 수 있는데 그건 학습과 관련된 것으로서 새롭게 변한 환경적 조건에 자신을 맞추어 가는 학습의 과정이 필요하기 때문입니다.

그래서 우리가 모난 돌이 정 맞으니 개성을 드러내지 않으려고 할 때도 개성은 사라지거나 죽어버리는 것이 아니라 단지 우리 속에 잠재해 있다고 말할 수 있을 것입니다. 그건 상견례 자리에 자신이 좋아하지 않는 음식이 나왔더라도 중요한 자리를 망치지 않기 위해서 억지로, 즉 울며 겨자 먹기 식으로 맛있는 듯이 먹을 수밖에 없는 처지와도 비슷합니다. 그러나 귀신은 속여도 자기 자신만은 속일 수 없다는 속담처럼 내가 왜 이런 행동을 하는지에 대해 자신이 납득할 수 있는 이유를 스스로에게 제시해야 하고 또 내가 왜 이런 행동을 하는지에 대한 합당한 이유가 생각난다면 이를 부정하거나 왜곡하지 말아야 한다고 생각합니다. 그렇다고 싫은 게 좋아질 수는 없겠지만 최소한 스스로 자신에게 당황하거나 짜증이 나지는 않을 것이기 때문입니다. 그리고 그렇게 할 때 우리 마음은 그 울며 겨자 먹기 식의 행동을 하는 이유를 파악했기 때문에 그 행동만큼은 동의하고 수용할 수 있어서 싫은 행동을 어느 정도 지속할 수 있는 끈기를 유지할 수 있을 것입니다. 속으로는 여전히 '나는 이것이 싫다.'고 말하면서 말이지요. 그렇지 않고 억지 춘향식으로 싫은 것을 좋다고 우긴다면 상상으로나마 아주 황당한 일이 벌어질 텐데 상견례 자리에서 억지로 먹은 싫은 음식이 집에 돌아와서 보니 저녁 밥상에도 올라와 있을 때 과연 이 음식을 자기가 좋아하는지 아니면 싫어하는지를 자신에게 납득시키지 못해서 당황하는 상황이 벌어질 수 있습니다. 하지만 이런 일은 절대로 벌어질 수 없을 텐데 아무리 겉으로는 좋은 체해도 인간은 싫은 것을 좋게 느낄 재간이 없기 때문입니다.

물론 싫어하던 것이 좋아지는 경우도 있겠지만 이 경우 자신이 의지를 통해 좋아지도록 만드는 것이 아니라 자신도 어리둥절하게 느낄 만큼 그저 그렇게 될 뿐이라는 점을 사족으로 덧붙이고 싶습니다. 이 말씀을 드리는 이유는 인간의 의지가 중요하지 않다는 것을 말하고 싶어서가 아니라 그 의지대로 움직일 수 없어서 다행스러운 인간의 정신과 마음의 작동 방식을 강조하고 싶어서입니다. 이를테면 피곤해지거나 지치는 현상은 일종의 자기 보호 본능에 젖줄을 대고 있어서 억지를 쓴다고 피곤해지지 않거나 지치지 않는 것은 아닙니다. 그래도 자신의 의지라고 우기면서 활동을 계속하려 한다면 우리의 정신과 마음은 이를 납득하고 수용하는 것이 아니라 거의 반강제식으로 쉴 것을 종용할 텐데요. 그래야만 육체의 피곤과 함께 정신적, 심리적 피곤도 회복될 수 있기 때문입니다. 물론 인간의 의지가 전혀 필요하지 않다고 얘기할 수 없는 경우도 있을 텐데요. 이 경우 우선 '힘이 빠지고 피곤하다. 하지만 나는 지금 중요한 일을 하고 있으니 조금만 더 견디면서 일해 보자.'라는, 자신의 한계를 인정하면서도 의지로 그 한계 내에서 좀 더 버텨 볼 수는 있을 것입니다. 하지만 최근에 신문 기사에 나온 바와 같이 인간의 어쩔 수 없는 절대적인 한계를 무시할 수밖에 없어서 울며 겨자 먹기 식으로 무리를 하다가 과로사로 죽은 경비원처럼 원치 않게 비극적인 결과를 맞을 수도 있습니다. 이를테면 우울증이나 신경과민 같은 심리적 질병에 걸려서 말이지요.

혼돈 속
길을 안내하는
여성성

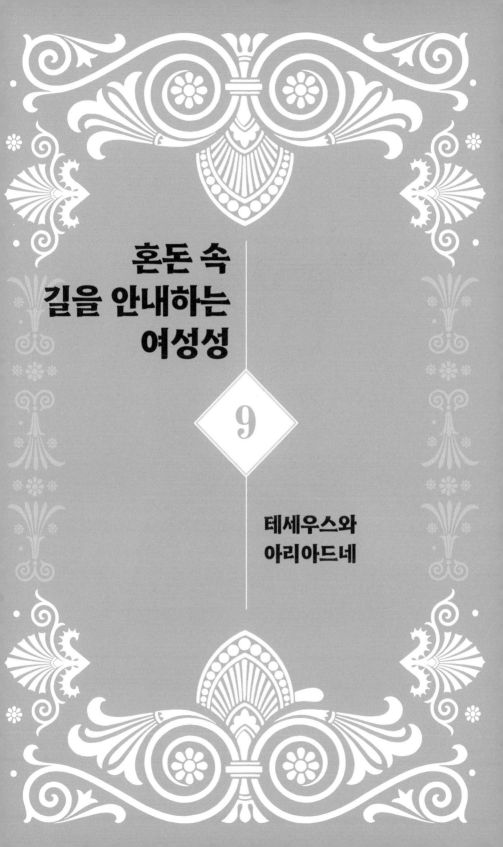

9

테세우스와
아리아드네

▲ 〈미노타우로스를 죽이는 테세우스〉, 앙투안 루이 바리, 1834년, 미국 볼티모어미술관 소장

인간 안의 영원한 여성성

　　어릴 적에, 그러니까 초등학교에 다닐 때 본 만화 영화 중에 '호동왕자와 낙랑공주'가 있었습니다. 지금 생각해 보면 그저 국가가 다른 나라의 왕자와 공주가 사랑에 빠진다는 흔한 이야기이지만 그 당시 저는 한 가지 궁금증이 일었습니다. 그건 적국의 왕자인 호동이 자기 나라를 침범하는데 어째서 낙랑국의 공주가 적의 침범을 미리 알려 주는 자명고를 찢었냐는 것이었습니다. 그 질문에 대한 답은 사랑하는 사람을 위해서라면 조국을 배반할 수도 있다는 지극정성의 사랑이겠지만 사랑하는 사람과 맺어지기 위해 한 나라의 공주가, 그것도 자국을 침범하는 다른 나라의 왕자를 위해서 자명고를 찢었다는 것이 너무 지나치다는 생각이 들었습니다. 하지만 만화 영화의 마지막에 사랑을 위해서 조국을 배반한 딸을 죽이는 낙랑국 왕의 잔인한 행동에는 선뜻 동의하기가 어려웠는데 그 느낌은 생각을 거치지 않고 그저 든 느낌이었습니다. 그 막연한 느낌은 윤리적으로 저를 조금 곤경에 처하게 했는데 이를

삼류 식으로 표현하자면 김중배의 다이아몬드도 탐나지만 이수일의 진정한 사랑도 외면하기 싫은 심순애의 마음과도 비슷했습니다.

까맣게 잊고 있던 그 옛날 만화 영화가 기억난 이유는 그리스 로마 신화를 읽다가 테세우스와 아리아드네 이야기를 읽었기 때문입니다. 그 기억은 마치 서로 달라 보여서 이어질 수 없을 것 같은 조각들이 얼추 서로 맞아떨어지는 느낌으로 재생되었습니다. 그 이유는 제가 심리학, 그중에 정신 분석학을 공부했기 때문이기도 했는데요. 우선 낙랑국의 왕인 낙랑공주의 아버지와 사랑하는 테세우스를 위해 몰래 실타래를 주어서 테세우스가 복잡한 미궁 속을 빠져나오게 하는 아리아드네에게 배신당한 미노스 왕이 많이 닮아 있다고 여겼고 이를 정신 분석학적으로 표현하자면 두 이야기 속의 아버지가 다름 아닌 초자아, 그것도 사회적으로 공유된 초자아를 빗댄 것이라는 생각 때문이었습니다. 글의 이해를 돕기 위해서 짤막하게 테세우스와 아리아드네 이야기를 소개하자면 크레타의 왕 미노스는 그의 아내 파시파에가 황소와 관계하여 머리는 소이고 몸은 사람인 괴물 미노타우로스를 낳자 다이달로스에게 미궁을 건설하도록 하여 미노타우로스를 그곳에 가두고 아테네에 해마다 남녀 각각 7명씩의 젊은이를 미노타우로스의 제물로 바치게 했습니다. 이를 눈 뜨고 볼 수 없었던 아테네의 왕자 테세우스는 미노타우로스를 죽이고자 인간 제물로 위장하여 크레타섬에 들어오는데, 아리아드네는 그를 보고 첫눈에 반하여 미노타우로스를 없앨 수 있는 칼과 붉은 실타래를 주며 미궁에서 쉽게 빠져나올 수 있도록 도와주었습니다. 아리아드네가 준 칼로 미노타우로스를 죽인 테세우스는 실타래를 이용해 그가 지나온 길을 따라서 무사히 미궁에서 탈출하였고, 아테네의 젊은이들과 아리아드네를 데리고 크레타섬을 빠져나왔습니다.

　저는 대학생일 때 괴테가 쓴 〈파우스트〉를 읽은 적이 있습니다. 세상의 온갖 쾌락과 인간의 한계를 뛰어넘는 지식을 얻기 위해서 자신의 영혼을 악마 메피스토펠레스와 교환하는 파우스트는 글의 끝부분에서 이렇게 말합니다. "영원한 여성성이 우리를 구원할 것입니다."라고 말이지요. 그 소설을 읽었을 때는 분석 심리학의 창시자인 칼 융을 모르던 시절이었기 때문에 알 수 없었지만 나중에 칼 융의 책을 읽고 나서 저는 '영원한 여성성'이란 융이 사용한 개념인 아니마, 즉 남성 속의 여성성과 여성 속의 여성성을 가리키는 것이 아닌가 하는 생각을 하게 되었습니다. 그런데 〈파우스트〉의 끝부분에 나오는 말이 뜻하는 바가 무엇인지는 여전히 파악하기 힘들었습니다. 무언가 아주 흐릿한 느낌, 이렇게 표현해도 좋다면 맞긴 맞는 것 같은데 그 이유가 좀처럼 떠오르지 않아서 짙은 안개 속에 있는 듯한 느낌만 느꼈을 뿐이지요. 그래서 그리스 로마 신화 속 테세우스와 아리아드네의 이야기를 처음 읽었을 때는 마치 어릴 적 호동왕자와 낙랑공주를 보았을 때처럼 그녀의 깊은 사랑을 충분히 이해할 수 있었지만 그렇다고 아버지를 배신한 아리아드네의 손을 들어 주고 싶은 마음은 선뜻 생기진 않았습니다. 하지만 테세우스와 아리아드네의 이야기에서는 미노스 왕이 사람을 잡아먹는 괴물 미노타우로스에게 잡아먹히도록 테세우스를 미궁에 일부러 빠뜨렸다는 사실 때문에 정의감이 발동해서였는지 속으로 아리아드네의 행동에 대해 참 잘하긴 잘했다고 말하긴 했습니다.

미노타우로스가
미궁에 사는 이유

　　미노스의 왕비 파시파에가 황소와
관계해서 낳은 미노타우로스는 머리와 꼬리는 황소이고 몸은
인간인 괴물로 표현됩니다. 미노타우로스가 아직 어렸을 때는
파시파에가 길렀는데 점차 커 가면서 그 난폭한 성격이 통제되
질 않았어요. 이에 미노스 왕은 왕가의 수치이자 난폭하고 사나
운 이 괴물을 처리하기 위해 다이달로스에게 아무도 들어갈 수
도 나올 수도 없는 복잡한 성, 즉 미궁을 만들게 하였고 그 중앙
에 미노타우로스를 가두어 버렸습니다. 그런데 이 신화 속에 이
상한 이야기가 숨어 있습니다. 그건 어째서 파시파에가 자기 몰
래 황소와 관계해서 낳은 미노타우로스를 죽이지 않고 복잡한
미궁 속에 가두었느냐입니다. 그리고 또 한 가지 의문이 드는
점은 황소가 어째서 사람을 잡아먹느냐입니다. 저는 이 이야기
속에서 영원한 여성성을 상징하는 듯한 아리아드네와 미노타
우로스 사이에 무언가 관계가, 그것도 깊은 관계가 있을 것이라
는 짐작을 했습니다. 그 질문은 자연스럽게 테세우스가 그 괴물

을 죽인 이유로 이어졌습니다. 그리스 로마 신화에 따르면 아테네에 해마다 남녀 각각 7명씩의 젊은이를 미노타우로스의 제물로 바치게 했기 때문에 아무런 잘못도 없는 조국의 젊은이들이 죄 없이 희생되는 것에 분개한 테세우스가 그 괴물을 죽인 것으로 나오지만 저는 어쩌면 테세우스와 미노타우로스는 한 인간의 두 측면일지도 모른다는 생각을 했습니다. 말하자면 인간 속에 들어있는 인간성과 동물성의 표현으로 말이지요.

그런데 잠깐 질문을 드리자면 인간이란 과연 무엇일까요? 아니 어떤 존재일까요? 근대 서양의 철학자 데카르트는 "나는 생각한다, 고로 나는 존재한다."라고 하면서 인간을 생각하는 존재, 즉 호모 사피엔스라고 표현했지만 인간에 대해서 충분히 설명하지는 못합니다. 그래서 제가 고등학생일 때 수업 시간에 접했던 표현으로 조금 바꿔 표현하자면 "인간은 생각하는 동물이다."가 될 것입니다. 이 표현을 접한 분 중에 적지 않은 분들이 '생각하는'이라는 표현에 눈길이 갈지 모르지만 저는 '동물'이라는 표현에 눈길에 더 갑니다. 그 이유는 다른 동물들과 같이 먹고 자고 쉬고 놀고 하는 행위를 인간도 하기 때문입니다. 그래서 데카르트는 인간을 사유하는 존재로 표현했지만 저는 그의 말이 옳지 않아서가 아니라 많이 부족하다고 느끼기 때문에 인간을 '느끼고' '바라는_{욕구하는}' 존재라고 덧붙이고 싶습니다. 사실 따지고 보면 다른 동물들도 위험을 느끼고 그래서 두려움을 느끼고 도망치거나 맞서고 싶은 욕구를 느낍니다. 하지만 인간의 경우는 더 복잡하고 섬세한 감정과 욕구를 느낍니다. 그런데 아주 어릴 적, 그러니까 아직 말도 떼지 못한 젖

▲ 〈미노타우로스〉, 조지 프레데릭 왓츠, 1885년, 영국 데이트브리튼미술관 소장

먹이 시절에 인간은 동물의 새끼와 별반 다를 바 없는 존재입니다. 누워서 먹고 자고 천장에 달린 모빌을 보면서 놀며 말입니다.

그런데 그렇다고 우리는 젖먹이를 인간으로 취급하지 않는 것은 아닙니다. 그리고 누가 젖먹이를 다른 동물과 다를 바 없다고 말한다면 그 말을 들은 사람들의 표정이 굳어지면서 분위기가 싸늘해지거나 "뭐, 저런 사람이 다 있어?" 하면서 구시렁거릴 수 있습니다. 그 이유는 젖먹이 아이가 사람의 형상을 하고 있다는 사실과 함께 점점 커 가면서 차츰차츰 인간성을 드러낼 것이라는 인간적인 믿음도 한몫할 것입니다. 물론 환경적인 조건들이 인간성의 발현에 도움이 되어야 하겠지만 말이지요. 〈지킬 박사와 하이드〉라는 잘 알려진 소설 속에서 지킬 박사는 인간성으로, 하이드는 동물성으로 이해되고 그 인간성과 동물성이 날카롭게 대립하는 것처럼 느껴질 수도 있지만 저는 동물성 속에 인간성이 잠재되어 있다고 생각합니다. 한번 인간성과 동물성을 나누는 기준을 말해 보자면 우선 다른 동물들과는 달리 인간은 언어를 통해 서로 소통한다는 점입니다. 그런데 인간과 동물을 가르는 중요한 기준 중에 하나로 저는 공감 또는 동감 능력을 꼽습니다. 이를테면 병원 진료실에서 아파 죽겠다며 악을 쓰면서 우는 어린아이의 비명을 들으면 '얼마나 아프면 저렇게까지 울까?' 하는 짐작이 드는 것도 그중 한 가지겠지요. 그리고 동감과 공감은 올바름과도 밀접한 관계를 맺고 있는데 다른 동물들과는 달리 인간은 윤리적 존재이기도 해서 동감과 공감을 불러일으키려면 그 전에 그가 받는 고통이 정당한

가 아니면 부당한가에 관한 판단부터 해야 합니다. 이 말을 설명해 드리기 위해서 잠깐 제가 어릴 적에 보았던 〈타워링〉이라는 영화의 한 장면을 예로 들자면 고층 빌딩을 건설할 때 법적인 규정 전선 개수를 줄여 부당한 이득을 챙겼던 건물주의 사위가 고층 빌딩이 화염에 휩싸여서 빌딩에 갇힌 사람들과 함께 갇혀 있었습니다. 그들은 소방관들이 설치한 긴급 구명 수단을 타기 위한 순서를 정하기 위해서 번호표를 뽑았는데 건물주의 사위는 순서가 한참 뒤인 번호를 뽑았고 사태가 급박해졌을 때 그는 자신이 뽑은 번호표를 무시한 채 그 구명 수단에 올라타려다가 실수로 까마득한 땅바닥에 떨어지게 됩니다. 그가 땅바닥에 떨어진 장면은 나오지 않아서 즉사했는지 아니면 떨어지고 나서 조금 뒤에 눈을 감았는지는 모르겠지만 그 장면을 본 저는 이왕이면 땅바닥에 부딪혀 머리가 깨져서 바로 즉사하는 것이 아니라 조금 고통을 느끼다가 죽었으면 좋겠다는 상상을 했습니다.

인간성과 동물성

저는 앞에서 인간성은 동물성 속에 잠재되어 있다는 말씀을 드렸습니다. 흔히 인간성은 대우받아야 하고 그 반대로 동물성은 배제되거나 비난받아야 한다고 여기기도 합니다. 하지만 동물성과 인간성은 무 자르듯이 칼 같이 나뉠 수 있는 성질도 아니고 만약 인간 속에 내재한 동물성을 무시하거나 배척하거나 혐오하게 되면 건강한 표현의 출구가 막혀버린 동물성은 그 본질상 표현, 즉 굳이 말이나 행동을 하지 않고 느낌으로 표현하려는 성질 때문에 어떻게든 표현의 방도를 찾으려 합니다. 인간성과의 건강한 관계를 많이 잃어버린 탓에 동물성은 날 것 그대로 밖으로 표출되기도 해서 다른 사람뿐 아니라 자신도 놀라고 낯설게 느껴지는 존재가 되기도 하지요. 게다가 인간성은 자신이 움튼 동물성과의 관계를 상실해서 자연스러움을 많이 잃어버리게 됩니다. 그 이유는 자연스러운 느낌, 예를 들자면 우선 '위험하다.' 또는 '위험하지 않다.'는 느낌과 '끌린다.' 또는 '끌리지 않는다.' 같은 동물적인 직감과의 연결이 제대로 되지 않아서 인위적으로 집단에 투항할 수 있는데 이때 구체적인 느낌이 배제되거나 억압되어서 머리로만 생각할 위험이 있습니다.

저는 앞에서 그리스 로마 신화 속 미노타우로스가 인간의 동물성을 상징할지도 모른다는 말씀을 드렸는데 그가 괴물인 이유는 몸은 사람의 형상이지만 머리와 꼬리는 동물인 황소이기 때문입니다. 앞서 저는 사람은 생각하는 동물이라는 명제를 소개해 드렸는데 테세우스는 다름 아니라 머리를 써서 크레타에 잠입했고 아리아드네가 준 실타래가 어떻게 쓰여야 하는지를 '생각한' 존재였습니다. 그런데 신화 속 이야기에는 테세우스가 미노타우로스를 칼로 찔러 죽인다는 내용이 나옵니다. 심리학적으로 죽음은 소멸을 뜻하기도 하는데 때론 잠을 의미하기도 합니다. 이 패턴에 따라 신화 속 미노타우로스의 죽음을 풀어 보자면 잠을 잘 때는 꿈속에서 자신의 여러 측면이 각기 다른 인물로 묘사되기도 합니다. 따라서 미노타우로스가 꿈속에서 나타난다면 그 괴물은 인간의 동물적인 측면을 상징하고 있다고 볼 수도 있을 것입니다. 그리고 미노타우로스는 미노스로부터 먹이로 남녀 7명씩을 받았다는 이야기도 나오는데 앞에서 저는 크레타의 왕인 미노스가 어쩌면 사회적으로 공유된 초자아일지도 모른다는 말씀을 드렸습니다. 저의 이 도식에 맞추어 설명드리자면 미노스 왕이 그 괴물에게 인간을 먹이로 준 것은 어쩌면 한 사회에서 은근히 또는 공개적으로 강요하는 전형적인 남성상과 여성상일지도 모릅니다. 즉 '남자라면' 또는 '남자가 돼서'라는, 그리고 '여성이란' '여성이 돼서'라는, 때로는 조롱이나 비난이 섞인 표현이 따라붙는 윤리적 또는 도덕적인 사회적 명령으로서 말이지요. 이에 반응하는 인간성과 동물성을 칼 융의 개념을 빌려서 표현하자면 '집단 무의식'이라고 하는 인간 속의 공통된 속성이라고 풀 수 있을 것입니다. 그리고 인간성도 집단 무의식에 포함되어 있긴 하지만 개성이라고 달리 표현할 수 있는 '개인 무의식' 속에도 포함되어 있다고 할 수 있겠지요.

테세우스가 미로 속에 갇힌 이유

　　제가 읽은 심리학책 중에는《자기를 찾는 인간》이라는 책이 있습니다. 이십대에 그 책에 끌리기는 했지만 이상하다는 느낌을 지울 수는 없었는데 그 이유는 사람이 자기를 찾는다는 표현이 좀처럼 이해되지 않아서였습니다. 논리적으로 살펴볼 때 자기를 찾는다는 행위는 우선 자기를 잃어버렸어야 가능한 일인데 사람이 자기를 잃어버린다는 것을 머리로도 마음으로도 이해할 수 없었기 때문입니다. 그렇게 이해하지 못한 채로 그 표현을 잊어버렸다가 긴 유학 생활을 마치고 한국에 돌아온 뒤 어느 날 헌책방에서 그 책을 다시 만나서 제목을 읽게 되었습니다. 그런데 이번에는 그 표현이 손에 잡힐 듯한 느낌으로 다가왔는데 그 이유는 나와 다른 남이라는 차이와 함께 그 차이란 무엇일까 하는 의문 때문이었습니다. 우리는 종종 집단적인 사고를 하곤 합니다. 이를테면 남자와 여자를 갈라놓고 남자라면 또는 여자라면 마땅히 어때야 한다는 생각을 무심코 하곤 합니다. 신체적인 조건으로 남자와 여자를 가르는 것은 아주 당연해 보이지만 그들의 상위 개념은 바로 인간이어서 그 개념대로라면 남자와 마찬가지로 여자도 인간적인 감정과 욕구를 가지고 있다고 생각해야 마땅합니다. 그리고 남자라는 상위 개념 밑에는 OOO이라는 이름을 가진 개인들이 존재할 텐데 이 하위 개념인 개인이 존재하려면 마땅히 다름이 전제되어야만 합니다. 그리고 그 다름이란 신체적 다름뿐만 아니라 정신적 심리적인 차이도 포함할 텐데 여기서 중요한 역할을 하는 것이 다름 아닌 취향입니다. 그리고 다시 상위 개념인 인간으로 돌아가서 말하자면 슬프면 울기도 하고 억울하면 화가 나기도 하고 피곤해지면 싫증이 나기도 하는 공통된 속성들을 가진 존재에 여자뿐 아니라 남자도 포함되어야 합니다.

그런데 우리는 커 가면서 자꾸만 도식 같은 남성상 또는 여성상을 사실상 강요받으며 크기도 합니다. 그리고 그 사회적인 윤리적 명령은 자주 조롱이나 비난을 동반하기 일쑤입니다. 사실 그런 것을 좋아할 사람은 없을 것입니다. 그런데 한번 잘 생각해 보면 그런 인간성에는 동물성이 깊숙이 포함되어 있습니다. 이렇게 표현해도 좋다면 그런 감정과 욕구는 동물성이 확장된 인간성의 표현이라고 말할 수도 있을 것입니다. 어쩌면 저의 이런 말에 고개를 갸웃거릴 분이 계실지도 몰라서 말씀드리자면 언제부턴가 외로움 때문에 반려견을 키우는 것이 풍조가 되었는데 그만큼 버려지는 개들도 늘어나고 있다고 합니다. 저는 언젠가 티브이에서 이전 주인에게서 버려진 개 한 마리를 입양한 남자의 이야기를 들었는데 이 개는 새 남자 주인만 집에 들어오면 자기 숙소가 있는 베란다로 꽁무니를 감추곤 했

▲ 〈아버지의 검을 찾은 테세우스〉, 니콜라 푸생, 17세기경, 프랑스 콩데미술관 소장

고 새 주인은 그 이유를 알 수 없어서 몹시 답답했습니다. 그런데 알고 보니 그 개는 전 주인에게서 심한 신체적 학대를 당했기 때문에 새 주인도 그럴 것이라는 예측을 했고 그래서 주인만 집에 들어오면 잽싸게 베란다로 도망가 버린 것이었습니다. 그리고 베란다로 도망간 개를 카메라로 잡은 영상도 나왔는데 그 개는 다리를 꼿꼿이 세우고서 심하게 떨고 있었습니다. 제가 이런 말씀을 드리는 이유는 그 개와 마찬가지로 인간도 두렵고 무서우면 그 대상으로부터 피하고자 하는데 개와 많이 다른 점은 인간의 얼굴에 두렵고 무섭다는 표정이 생생히 드러난다는 점입니다. 그런데 인간이 상황 판단을 할 때 때로는 윤리적인 판단도 개입됩니다. 그래서 무서운 상대나 두려운 상대를 만났을 때 내가 무슨 잘못을 했기 때문인가도 돌아보는 경우가 생기기도 합니다.

신화 속 미노타우로스가 인육을 먹었다는 이야기는 어쩌면 강요받은 남성상이나 그 반대로 여성상을 거부했다고 이해할 수도 있을 것입니다. 그런데 테세우스는 여성인 아리아드네로부터 실타래를 받았고 그 도움으로 복잡한 미궁을 빠져나올 수 있었습니다. 유독 그만이 말이지요. 그런데 미노타우로스는 미궁에 갇혀서 괴상한 소리를 질렀기 때문에 테세우스가 그 괴물에 접근할 필요는 없었을 것입니다. 그리고 만약 시간을 벌 수 있었다면 나중에 다시 7명씩의 아테네 젊은이들이 미노타우로스의 먹이로 미궁에 빠지게 되면 실타래를 사용해서 같이 그 미궁을 빠져나올 수도 있었을 것입니다. 게다가 테세우스가 미궁 속의 미노타우로스를 칼로 죽인 것이 발각되면 그는 미노스 왕의 손에 죽임을 당하게 되었을지도 모릅니다. 그런데 신화 속 이야기에 따르면 미노스 왕의 부인이 황소와 관계를 맺어 낳은 미노타우로스를 미노스 왕이 미궁을 만들게 해서 그 속에 집 어넣습니다. 이 이야기가 정신 분석학적으로 어떤 의미가 있을 까요? 저는 개인적으로 미노스 왕이 사회적으로 공유된 윤리 나 도덕 체계라고 생각하고 미노타우로스는 그렇게 사회적으 로 공유된 초자아가 용납하지 못하는 인간 속의 동물성이라고 생각합니다. 자, 그렇다면 초자아는 어떻게 생기게 되는 것일까 요?

사회적 초자아와
양심

　　눈치가 빠른 분은 이미 짐작하셨을
수도 있는데 초자아는 엄마 뱃속에 태아로 있을 때부터 존재할
수 없는 성질이자 사회적으로 강요된 도덕적 또는 윤리적 체계
입니다. 그런데 인간은 커 가면서 윤리, 특히 남과의 관계 맺기
에 대한 윤리를 배우게 됩니다. 하지만 이 윤리가 제대로 된 윤
리로서 기능하려면 납득이 우선되어야 합니다. 그런데 초자아
란, 특히 사회적으로 공유된 초자아란 그 내용보다는 그 명령을
지키지 않았을 때 받게 될 조롱과 비난 그리고 처벌을 강조하
곤 합니다. 즉 사회적 초자아는 그 명령을 왜 따라야 하는지에
대한 설득이 우선하지 않고 "묻지도 따지지도 말고 시키면 시
키는 대로 해. 만약 거부하면 어떻게 되는지 알고 있지?" 하는
강압적인 폭군의 성질을 띱니다. 이런 초자아에 대한 어이없는
예를 들자면 테러 집단인 IS의 대원이었던 아들에게 도망치자
고 한 어머니를 체포한 IS 지도층이 그 아들로 하여금 "저 여자
를 총으로 쏴서 처형하라. 그렇게 하면 알라신이 계신 하늘나라

에 너의 자리가 있을 것이다."라고 말하면서 인간이라면 절대로 해서는 안 되는 친족 살해를 사실상 강요했다는 신문 기사 내용이 있습니다.

그런데 이런 질문을 하시는 분이 계실지도 모릅니다. 도대체 어떻게 사회적 초자아와 양심을 구분할 수 있느냐고, 또는 양심이라는 것이 실제로 존재하기나 하는 것이냐고 말이지요. 이 질문에 쉽게 답변드리긴 어렵지만 초자아와는 달리 양심은 권하거나 말리는 느낌으로 다가옵니다. 왜냐하면 그 행동을 하려고했을 때 양심은 그 행동의 예상되는 결과를 고려하면서 말리거나 권하는 성질을 가지고 있기 때문입니다. 게다가 양심은 '왜냐하면'이라는 표현을 덧붙여서 예상되는 부정적인 결과를 우리에게 설명하곤 합니다. 그런데 초자아는 납득할 만한 이유를 대지 않고서 어떤 행동을 하지 말라고만 하지 긍정적인 행동을 적극적으로 권하는 성질은 없습니다. 게다가 저절로 든 욕구나 감정같이 인간인 우리가 의지로 어찌해 볼 수 없는 자연스러운 반응까지 간섭하면서 이를 엄하게 금지하는 경우도 종종 있습니다. 그런데 사회적 초자아는 때로는 시간이 지나면서 돌변하는 성질도 띠고 있습니다. 예를 들어서 모범생 같은 삶이 사회적으로 칭송받다가 돌연 그 반대의 반항아가 사회적으로 떠받들어지듯이 말이지요.

사회적 초자아라는 표현을 낯설게 느끼시는 분이 계실지 몰라서 말씀드리자면 프로이트는 초자아를 양심과 동일한 것으로 여기면서 어머니에 대해 성욕을 품은 10세 이전의 아들이 그로 인해 경쟁자인 아버지에 의해서 자신의 남근이 거세될까 봐 아버지의 윤리적인 명령을 내면화함으로써 생긴다고 주장합니다. 하지만 이 논리를 받아들인다면 아버지를 제외하고 윤리적 명령을 사실상 강요하는 다른 사람이나 제도의 영향을 간과하는 결과를 낳습니다. 게다가 사회적으로 통용되는 윤리적 명령들을 모두 아버지로부터 전수받는다는 가정은 너무 무모해서 억지에 가깝게 느껴지기도 합니다. 그리고 프로이트는 아버지로부터 전수받은 윤리적 명령이 아이의 마음에 내면화되어서 양심이 된다고 주장했는데 이때 내면화의 과정을 살펴볼 필요가 있습니다. 내면화란 외부의 강제로 인해서 속으로는 반대하거나 반박하면서도 처벌이 두려워 겉으로 따르는 시늉을 하는 것과는 달리 자신의 윤리적 체계에 편입되어 외부의 강제 없이도 그 윤리적 명령을 따르는 것을 뜻합니다. 그리고 이를 어겼을 때 나타나는 증상은 다름 아닌 죄책감입니다. 그런데 이 죄책감은 '나는 나쁜 짓을 저질렀다.'와 같은 성질의 죄책감이 아니라 '그렇게 행동을 했기 때문에 나는 벌을 받을 것이다.'라는 식의 죄책감입니다. 그런데 사회적 초자아가 금지하는 윤리적 명령이란 자신이 아니라 타자의 윤리적 명령이기 때문에 왜 따라야 하고 어떻게 따를 수 있는지를 납득하지 못해요. 달리 말하자면 그 윤리적 명령이 어째서 옳은지에 대한 자신의 주관적인 이해와 판단이 결여되어 있기 때문에 사회적 초자아가 의식되면 불편하고 꺼림칙한 긴장감이 생겨서 때로는 사람의 몸과 마음을 녹초로 만들 수도 있습니다.

윤리가 존재하는 이유

　　　　　　그런데 윤리란 무엇 때문에 또는 무슨 이유로 인간에게 존재하는 것일까요? 윤리보다 도덕이라고 표현하면 바로 고개를 절레절레 젓는 분도 계실지 모르는데 그 이유는 윤리 또는 도덕이란 막연히 고상한 느낌을 주긴 해도 왠지 버겁고 귀찮고 따라 하기 싫은 느낌을 불러일으키기 때문일 것입니다. 그런데 한번 잘 살펴보면 기존의 윤리나 도덕 체계에 반기를 들고 그에 대한 해체를 주장하는 삐딱한 사람들도 '그 고리타분한 윤리를 고지식하게 지키지 말라.'는 '윤리적' 명령을 내리곤 합니다. 이를테면 기존의 사회 윤리에 반기를 드는 급진적인 로큰롤 그룹을 예로 들 수 있을 것입니다. 이를 바탕으로 말씀드리자면 인간은 '~해야 한다.', 또는 '~하지 말아야 한다.'는 윤리적 판단으로부터 전혀 자유로울 수 없다는 결론을 이끌어 낼 수 있다고 생각합니다. 이 느낌을 전달해 보기 위해서 황당한 질문을 드리자면 그 윤리적 판단이나 주장에 대한 가치 판단을 잠깐 접고서 만약 ~해야 한다. 또는 ~하지 말아

야 한다는 표현이 전혀 없다면 인간 세상은 과연 어떻게 될까
요? 이 말을 풀어 보자면 인간이 마음대로 또는 제멋대로 사는
세상을 상상해 볼 수 있을 텐데 그렇다면 그 세상에는 '남 신경
쓸 필요 없이 내 마음이 가는 대로 살아야 한다.'는 이상한 윤
리만 존재할 것입니다. 그 윤리가 이상한 이유는 한 명의 예외
도 없이 모두 제멋대로 또는 제 마음이 가는 대로만 살려고 한
다면 다름 아닌 힘의 논리만 성립될 텐데 조금 더 궤변을 늘어
놓자면 힘의 논리가 관철되는 세상에서 그 때문에 제멋대로 살
수 없는 사람들이 생기지만 그들이 선천적으로 그것이 부당하
다고 윤리적인 판단을 내릴 수 없는 존재라면 당연히 그 '부당
함'을 느끼지 못해서 반발하거나 저항할 수 없을 것이라는 아주
황당한 결론이 나옵니다.

게다가 자기 마음대로 산다는 표현에도 심각한 모순이 숨어 있는데 우선 힘의 논리로 남의 것을 빼앗는다고 해도 그에 대한 부당함을 느끼지 못할 뿐만 아니라 자신도 제 마음대로 남의 것을 빼앗아도 하나도 양심의 가책을 느낄 수 없을 것입니다. 그런데 윤리적 판단이나 결정은 머리로만 하는 것이 아니라 마음이 그 판단과 결정을 납득하고 동의해야만 가능한데 우리는 '제 마음대로'란 표현을 쓰면서 나쁜 짓을 하고 싶어 하는 마음을 가리키곤 합니다. 하지만 저는 양심이 기능을 하려면 반드시 앞서서 어떤 특정한 욕구가 선행되어야 한다고 생각합니다. 왜냐하면 양심이 '그것은 나쁜 짓^{행동}이다.'라고 가리키려면 어떤 특정한 욕구가 먼저 존재해야 하고 그 욕구를 실현할 수 있는 방법을 먼저 생각해야 하기 때문입니다. 그런데 한번 찬찬히 따져 보면 양심은 마음속에 생긴 욕구를 비난하지 않고 아직 실행되지 않은 계획된 행동에 대한 '경고'를 합니다. 따라서 말도 안 되는 얘기지만 만약 선천적인 욕구가 없다면 양심도 기능할 수 없다는 결론이 나옵니다. 그리고 앞서도 잠깐 말씀드렸지만 초자아에는 결여된 양심의 적극적인 기능이 있는데 그건 몽둥이로 훈육하는 선생님과는 달리 '이렇게 해 보면 어떨까?'라는 느낌으로 전해 오는 적극적인 양심의 소리입니다. 게다가 상황을 판단하는 기능은 전혀 갖추지 못하고 마치 돌대가리처럼 융통성이라곤 전혀 찾아볼 수 없는 초자아와는 달리 양심은 처한 상황을 고려하면서 그때그때 처한 내적 외적 상황에 걸맞게 반응합니다. 즉 그 적극적인 권고를 따르지 않더라도 양심은 처벌을 내리지 않아요. 하지만 미진하고 찝찝한 느낌만을 전달하며 그에 대한 기억을 품고 있어서 나중에 처한 상황을 고려하면서 다시 권고해 오는 성질을 가지고 있습니다. 그리고 가장 중요한 점은 양심은 마음을 이해한다는 점인데 이 때 양심은 '그것이 옳더라도 두렵고 무섭다. 그래서 하기 싫다.' 라는 마음을 이해하면서 조금 슬픈 느낌을 우리에게 전해 올 것입니다.

미로와 인간의 삶

　　그리스 로마 신화 속의 테세우스가 갇힌 미로도 어쩌면 정신적, 심리적 갈등을 동반한 혼란스러움을 상징하는 것일지 모릅니다. 그리고 미노타우로스는 아직 가다듬어지지 않은 인간성, 즉 인간화되고자 하는 내면의 동물성을 상징하는 것일지도 모릅니다. 테세우스가 미노타우로스를 칼로 죽인다는 것은 미노타우로스를 자기와 다른 개별적 존재가 아니고 자신의 일부분이라 자각했다는 것을 에둘러 비유하고 있는지도 모릅니다. 그렇게 미노타우로스를 아리아드네가 준 칼로 죽였다는 것은 젖먹이 때처럼 더 이상 동물적으로만 살 수 없고 인간이 처한 현실을 고려하면서 살아야만 한다는 점을 자각해서 자신의 동물성을 '인간화'해야 한다는 인간의 운명을 정직하게 받아들인 것을 상징할지도 모릅니다. 그런데 아리아드네는 어째서 사랑하게 된 테세우스가 도망칠 방법을 알려 주거나 미로에서 몰래 꺼내 주지 않고 단지 실타래만 주었을까요? 제 생각입니다만 그 이유는 무의식적으로 그 존재를 느끼고 있지만 의식적으로 자각하진 못해서 동물성의 힘을 제대로 빌릴 수 없는 상태를 변화시키기 위한 방법이 아니었을까 생각합니다. 다시 말해서 무의식적으로 느끼고는 있었지만 자기의 일부분이라는 느낌으로 다가오지 못했던 동물성을 직접 눈으로 보고 자각한 다음 그에 따라 자신의 건강한 일부분으로 받아들여야 하는 심리적 과정을 반드시 거쳐야 하기 때문이었을 것입니다. 이 현상을 우리는 흔히 '눈이 트인다.'는 뜻을 가진 '개안開眼'이라고도 표현하는데 이는 프로이트의 표현을 빌자면 "의식될 수는 있으나 아직 의식되지 않은 전의식적前意識的인 상태를 의식하게 된다."로 바꿔 표현할 수 있을 것입니다.

칼 융은 남성 속의 여성적 측면을 가리켜 아니마Anima 라고 표현하고 여성 속의 남성적 측면을 가리켜 아니무스Animus 라고 표현합니다. 저는 이 두 측면이 남녀 모두에게 존재하는데 다만 도드라지는 성질이 남녀 간에 차이가 날 뿐이라고 생각합니다. 그런데 만약 신화 속 아리아드네가 남성 속의 여성적 측면이라고 상상한다면 남성 속 여성성의 기능을 짐작해 볼 수 있을 것입니다. 저는 개인적으로 융이 말한 남성 속의 여성성은 우리가 혼란에 갇혀 있을 때 문득 흐릿한 느낌의 실마리를 슬쩍 건네는 기능을 가지고 있을 것이라고 짐작합니다. 이 말씀을 설명드리기 위해서는 과연 인간 속의 여성성이란 무엇인가에 대한 얘기를 먼저 드려야 하는데요. 우선 '여성' 하면 떠오르는 측면으로는 '부드럽다', '보호하다', '돌보다' 등이 있습니다. 그중 돌본다는 느낌으로서의 여성성을 고려해 볼 수 있는데 돌본다는 것은 위험하거나 혼란스러운 상황에서 벗어나도록 돌봐 준다는 뜻으로 해석할 수 있을 것입니다. 그런데 우리가 간과하는 여성적인 측면 중에 돌본다는 기능과 함께 작동하는 측면으로 '끈기를 가지다.'는 측면도 있습니다. 만약 끈기가 없으면 옆에서 지속적으로 돌보는 기능도 가동하지 않을 것이기 때문입니다. 요즘처럼 각박하고 살벌한 경쟁 지상주의 사회에서 돌본다는 여성적 측면은 많이 왜곡되어 있지만 교과서적으로 말씀드리자면 어머니가 자녀를 돌보고 보호하는 이유는 너무 심하게 다치거나 상하지 않고 성인으로 커 가기를 바라는 마음 때문일 것입니다. 이는 다름 아닌 성장에 대한 격려나 지원으로 달리 표현할 수 있습니다.

그래서 교과서적으로 건강한 어머니는 불면 날아갈세라, 쥐면 꺼질세라 같은 신파조의 마음이 아닌 아이의 성장을 위해 끈기를 가지고서 옆에서 지켜보고 돌보는 어머니입니다. 그래서 만약 아주 가까운 거리에서 아이의 행동을 일일이 감시하고 통제하는 어머니에게 이렇게 물을 수 있을 것입니다. "그렇게 일일이 자녀의 행동을 감시하고 통제하려는 이유가 무엇이냐?"라고 말이지요. 그저 상상일 뿐이지만 그런 질문을 받은 어머니의 속마음은 이렇게 답할지도 모릅니다. "내 자식이 남의 자식보다 뒤처지는 것을 원하지 않는다. 반에서 간신히 중간 수준 정도의 성적을 받으면 나중에 커서 변변한 직장이나 가지겠는가?"라고 말이지요. 그 대답을 듣고서 "그렇게 하면 자녀가 행복해질 수 있겠느냐?"는 질문을 다시 던진다면 그녀는 눈앞에 사회적으로 열악한 수준의 직장 생활을 하고 간신히 생계를 이으며 고생하고 있는 자기 자녀의 미래를 그리면서 "그 꼴을 내가 어떻게 보느냐?"라고 강변할 수 있습니다. 저는 돈만 좇고 권력을 탐하는 자본주의 사회에서 그런 대답이 나올 수 있다는 점은 어쩌면 당연할지도 모른다고 생각합니다. 다만 그런 끔찍한 환경의 자본주의로 말미암아 우리 속의 건강한 여성성이 무시당하고 억압당하고 심지어는 소외당하기도 한다고 생각합니다. 앞에서 저는 우리 속의 여성성이 우리가 혼란에 빠졌을 때 슬쩍 실마리만 건넨다고 말씀드렸는데 자본주의 사회에서 가장 중요하게 여기는 것이 재산의 무한한 축적과 권력의 소유입니다. 사회적으로 공유된 그 정신적 태도mentality로 말미암아 여성성이 건네는 실마리가 무시되거나 억압되어서 아예 자각을 못하는 무의식 상태에 있을 것이라고 저는 생각합니다.

억압된 우리 안의 여성성

　　　　　　그런데 억압되어 무의식 속에 있는
여성성의 실마리는 어떻게 될까요? 저는 억압된 여성성이 제대
로 의식되진 못했지만 단지 느낌으로만 작동해서 그 느낌이 가
리키는 방향으로 끌릴 수도 있다고 생각합니다. 다만 이때 지배
적인 사회적 필터, 이를테면 '그런다고 돈이 되나?' 라던가 '그
럴 시간에 한 푼이라도 더 벌어야지.' 같은 의식적인 사회적 필
터를 사용하게 되면 사회화된 의식과 자연스러운 무의식이 충
돌하는 일이 벌어질 텐데 이때도 혼란스러움을 발생시킬 수 있
습니다. 그런데 그런 경우 정신적이자 심리적인 실마리를 건네
는 작은 목소리의 여성성이 번번이 무시당하고 억압당하기 때
문에 그때의 혼란에는 여성성이 건네는 실마리가 의식되지 않
아서 공포와 두려움을 불러일으킬지도 모릅니다. 그리고 술에
의존하거나 도박을 하거나 격한 춤을 춰서 그런 공포나 두려움
을 잊으려고 해 보지만 여성성이 건네는 실마리는 다 쓴 물건
처럼 버릴 수 없고 자신에게 닥친 실존적인 문제에 대한 실마

리이기 때문에 그 중요성을 생각하면 그것을 잊으려는 행위는 아무런 소용도 없이 말도 안 되는 이야기입니다. 그런데 우리 안의 여성성은 우리가 쉴 때 조용히, 하지만 절박하게 목소리를 다시 건네 오기도 합니다. 자신의 작은 목소리가 무시나 억압을 당하지 않고 제대로 들릴 수 있는 시간, 그러니까 일이나 다른 행위로 많이 지쳐 있을 즈음인 늦은 저녁 잠자리 시간을 이용해서 말이지요. 그런데 우리 안의 여성성은 때론 질문의 형식으로 우리에게 말을 붙이기도 합니다. 즉 "이런 상황인데 이렇게 해 보면 어떨까?" 같은 느낌으로 말이지요. 그리고 그와 함께 경고의 목소리도 전해 옵니다. 다급한 느낌으로서 마치 한 번 빠지면 빠져나올 수 없는 음습한 늪에 발을 들여놓으려고 할 때 "그러면 이렇게 된다고. 그러니까 지금 당장 멈춰!"라는 다급한 목소리로 말이지요.

그런데 우리 내면의 여성성은 소유라는 측면과 긴밀한 관계를 맺고 있는 것 같습니다. 다시 말해서 인간이 존엄한 존재로 살아가기 위해 적절한 생존과 생계 수준은 적극적으로 권장하고 격려하는데 이때 돌본다는 여성성의 측면은 때론 일이 하기 싫거나 힘들어도 그 느낌을 인정하면서 동시에 "그럼에도 불구하고 적절한 생존과 생계를 위해서는 그 일을 할 수밖에 없겠지? 그리고 좀 힘들거나 어려워도 항상 그런 것은 아니잖아."라고 하면서 격려하거나 "다른 일을 찾아보는 것도 나쁘진 않은데 이 일보다 조건이 낫다는 보장이 있을까? 그리고 너무 성급하게 서두르면 원치 않게 낭패를 볼 수도 있으니 조심하는 것이 좋을 거야."라면서 끈기를 잃지 말 것을 경고하며 우리를 돌

▲ 〈켄타우로스를 퇴치하는 테세우스〉, 안토니오 카노바, 1819년, 독일 미술사박물관 소장

본다고 저는 생각합니다. 그 이유는 먹고 사는 일의 무서움을 느낀 사람은 보다 더 현실적이 되는데 이때 현실적이란 고정불변의 성질이 아니라 지금 처한 현실을 바탕으로 점점 더 현실을 알아가는 과정이기 때문에 현실의 상태를 무시하고 그저 이랬으면 저랬으면 하고 바라는 환상을 차츰차츰 걷어 내도록 하는 기능도 여성성에 존재하는 것 같습니다. 이는 그 환경이 각박하더라도 처한 현실 속에서 그 조건들을 감안하며 그를 바탕으로 희망을 품는 태도와도 관계가 있을 텐데 이 기능은 지금의 조건들 중에서 나에게 가장 절박하면서도 어느 정도 바뀔 가능성이 있는 조건을 찾아내서 조금이라도 바꿔 보고 싶은 희망에 의해서 작동할 것입니다.

영원한 여성성,
그리고 구원

앞서 저는 괴테의 〈파우스트〉에 나오는 마지막 장면의 "영원한 여성성이 우리를 구원할 것입니다."라는 문구를 소개해 드렸습니다. 이제껏 드린 말씀으로 제가 여성성을 어떻게 이해하고 있는지는 어느 정도 파악하셨을 것입니다. 그런데 목에 걸린 가시처럼 괴테의 그 표현 중에 '영원한'이라는 형용사가 마음에 걸릴 수도 있습니다. 인간은 자신의 의지와는 상관없이 한 번 태어나고 그와 마찬가지로 자신의 의지와는 상관없이 죽을 수밖에 없는 유한한 존재인데도 말이지요. 우선 영원이라는 표현은 끝이 없는 시간 동안이라는 느낌을 불러일으키지만 인간의 절대적 인식의 한계 때문에 구체적으로 영원을 상상해 볼 수는 없습니다. 그런데 영원이라는 표현이 어쩌면 '변하지 않는' 어떤 성질을 가리킬지도 모른다는 생각을 했습니다. 이때 변하지 않는다는 표현은 그 상태가 그대로 있다는 뜻이 아니라 계속 변화하지만 그 본질은 변하지 않는다는 뜻을 가지고 있다고 저는 생각합니다. 이 말을 조금 간단한 예로 설명 드리자면 어릴 때 기어 다니던 젖먹이 아기가 뒤뚱 뒤뚱 서툰 걸음으로 걸음마를 하게 되고 그 이후 척척 걷게 되는 것이나 집안 벽에 눈금을 매기면서 때때로 재는 키가 점점 큰다고 해서 그 사람이 다른 사람이 되지 않는 것과 매우 흡사합니다. 그와 비슷하게 영원한 여성성도 성장할 수 있는데 이때의 성장이란 인간의 내면에 깃든 잠재적 상태가 현실로 발현된다는 의미입니다. 마치 성장에 도움을 주는 환경이 마련되면 꽃이 천천히 꽃잎을 피우듯이 처한 환경의 영향을 일정 부분 받으면서 그 본질의 한계 내에서 잠재된 성질을 현실로 발현하는 것처럼 말입니다.

마지막으로 "영원한 여성성이 우리를 구원할 것입니다."라는 문구 중에 '구원'이라는 표현이 있는데 너무 종교적으로 쓰여서 막연히 거창한 느낌을 불러일으킬 수도 있지만 저는 괴테가 사용한 이 표현이 융이 사용한 우리 내면의 남성성과 불가분의 관계를 지니고 있다고 생각합니다. 신화 속 이야기를 빌어 말씀드리자면 아리아드네는 이미 미로 속에 미노타우로스가 존재하고 있음을 알고 있었습니다. 황당한 이야기이지만 만약 테세우스가 미노타우로스를 죽이고 나서 미궁을 빠져나올 수 없었다면 이야기는 어떻게 흘러갔을까요? 저는 융이 사용한 내면의 여성성과 남성성은 서로 떼려야 뗄 수 없는 불가분의 관계를 맺고 있다고 생각합니다. 그래서 미노타우로스가 아니무스라는 남성성을 상징한다면 테세우스가 미노타우로스를 죽이기 위해서 복잡한 미로 속으로 들어갔을 때 여성성인 아리아드네는 물리적 공간에서 그와 멀리 떨어져 있었을 뿐만 아니라 복잡한 미로가 상징하듯이 심리적으로도 꽤나 멀리 떨어져 있었습니다. 그 목적은 앞에서 말씀드린 바와 같이 미노타우로스로 상징되는, 아직 다듬어져 있지 않은 남성성이 의식적으로 자각되어서 여성성과 의식적으로 결부되어야만 원활한 양심의 기능이 작동하기 때문일 것입니다. 이 말의 이해를 돕기 위해 말씀드리자면 우리는 무의식적으로, 즉 의식적인 비판의 기능을 거치지 않은 채 무의식적으로 윤리적인 판단을 내리곤 하는데 이것이 잘못되었다고 말씀드리는 것은 아니지만 이 두 측면이 자각되어야만 자율적인 윤리적 태도, 즉 선천적인 성질을 가진 우리 내면의 남성성과 여성성의 도움을 받으면서 의식적으로 윤리적인 태도를 취할 수 있습니다. 이때 중요한 점은 설사 내게 불이익을 초래하더라도 윤리적으로 옳지 못한 것을 판단할 수 있게 되고 나아가 내가 그로 인해 받게 될 특정한 손해를 현실적으로 어떻게 보상받을 수 있을까에 대해서 의식적으로 판단을 내려 볼 수 있는 가능성이 커진다는 점입니다. 그리고 그 뜻이 많이 잘못 쓰이고 있는 표현인 '반성'도 비로소 가능해질 텐데 이때 반성이란 자신이 저지른 잘못을 의식적으로 자각해야만 가능하기 때문입니다.

앞서 저는 양심이 초자아와 다른 이유에 대해서 말씀드렸습니다. 초자아는 때론 폭력적인 권위로도 상징되는데 양심이 폭군처럼 군림할 수 없는 이유는 바로 그 양심 속에 영원한 여성성이 깃들이 있기 때문이라고 생각합니다. 우리가 누구에게 보이기 위해서 하는 것이 아니라 진정한 의미에서 반성을 하게 되면 우선은 그것이 나쁜 짓이었다는 윤리적 판단이 내려지지만 그 후 그런 윤리적 판단을 정직하게 받아들인다면 자신이 저지른 나쁜 짓에 대한 후회의 감정을 불러일으키면서 때론 눈물이 나오기도 합니다. 이때 흐르는 눈물은 아마도 위로와 위안이 섞인 느낌일 것입니다. 윤리적 판단보다 뒤에 그런 위로와 위안의 느낌이 드는 이유는 우선 윤리적으로 나쁜 짓을 했다는 사실을 인정해야 하고 그제야 그에 대한 후회의 감정이 들 텐데 그렇게 후회할 때에만 윤리적으로 "그래, 이젠 괜찮아. 그런 나쁜 짓을 저지른 것을 정직하게 인정하고 그에 대해 후회도 했으니 더는 그런 짓을 저지르지 않았으면 좋겠어. 이제 됐어. 배고프지 않아? 엄마한테 가서 제가 잘못했다고, 그런데 배가 너무 고프다고 말해 볼까?" 하는, 마치 성인식에서 이런저런 고통을 당하고 나서야 성인으로 인정받듯이 여성성은 그 부정적인 경험을 딛고 다시 성장을 위한 걸음을 재촉할 것입니다. 아주 부드럽게 말이지요.

실존주의, 그리고 현실적인 희망

　　마지막으로 드리고 싶은 말씀은 다른 동물들처럼 인간은 환경의 조건들로부터 자유로울 수 없습니다. 하지만 인간은 다른 동물들과는 사뭇 다르게 적극적으로 환경을 바꿔 나가려는 욕구를 가지고 있어요. 그 방향은 인간의 선천적인 본질을 바탕에 둡니다. 이에 대한 쉬운 예를 들자면 사람은 날씨가 추우면 방에 난방을 하고 배가 고프면 뭐라도 먹어야 사는데 이를 위해서 다른 동물들과는 달리 상품이나 용역을 구매하는 교환 수단인 화폐를 벌기 위해 노동해야 하는 운명에서 절대로 자유로울 수 없습니다. 얼핏 노동이라는 운명이 잔인해 보일 수 있지만 인간이 노동을 하지 않고 살 수 있다고 상상해 볼 때 한 이틀이나 삼일, 길게 잡아서 한 주 정도는 재미있게 살 수 있을지도 모르지만 그 이후에는 심한 무료함이나 권태로움이 찾아오고 인간의 본질적인 질문인 '나, 뭐 하러 사나?'라는 절박한 질문이 따라올 것입니다. 물론 지금 한국이 처한 경제적인 환경이 좋지 않다는 점은 잘 알고 있습니다.

▲ 〈디오니소스와 아리아드네〉, 베체릴오 타치아노, 1523년, 영국 내셔널갤러리 소장

그리고 마음은 굴뚝같아도 그 아무도 생계를 접고서 좋지 않은 환경의 조건을 바꾸기 위해 선뜻 나설 수도 없는 것이 현실입니다. 갑자기 뜬금없는 말로 비칠지 모르지만 저는 대학생일 때 막연히 끌렸던 실존주의 철학의 자세가 그래서 필요하다고 생각합니다. 이때 실존주의적 태도란 우선 처한 현실이 아무리 못나고 열악하더라도 엄연히 존재하는 사실로서 인정하려는 태도일 것입니다. 물론 이런 자세는 잘못하면 처한 세상을 한탄하면서 완전히 손을 놔 버리는 지독한 염세주의적인 태도로 바뀔 위험도 있긴 합니다. 그래서 드리고 싶은 말씀은 포기하려고 아무리 애를 써 봐도 포기할 수 없는 희망, 즉 선천적인 인간성에 본질을 둔 인간적인 여린 희망을 외면하거나 심지어 억압하려 들지 말고 정직한 자신의 마음 상태로서 인정해야만 염세주의적인 실존주의? 적 태도의 덫에서 풀려날 수 있다는 것입니다.

희망이라고 하면 그저 곱고 예쁘기만 하다고 생각하시는 분이 계실지도 모릅니다. 하지만 여린 희망이란 때론 고단하고 힘겹기도 하며 더 중요한 점은 그 표현대로 그저 여린 가능성만을 품고 있기 때문에 때때로 불안을 일으키고 때론 적지 않은 분노도 일으킬 텐데 이렇게 교차하는 마음의 결이 때론 힘들더라도 정직하게 인정해야만 그 여린 희망이 희망이라는 표현에 걸맞게 여린 빛을 잃지 않을 것입니다. 그리고 사족처럼 덧붙이고 싶은 말은 그 여린 희망이란 아주 작고 소소할 수도 있고 아주 가끔은 우연이라는 요소와 결합해서 뜻밖의 크기로 다가올 수도 있다는 것입니다. 이렇게 표현해도 좋다면 그 느낌은 해가 넘어가서 어두운 시간에 긴 산행을 하느라 꽤 지쳐 있는데 그다지 멀지 않은 곳에 작은 집이 한 채 있음을 창문에서 새어 나오는 여린 불빛으로 확인했을 때의 느낌과 그리 다르지 않을 것입니다. 해가 높이 떠 있을 때는 그리 소중하게 여겨지지 않아서 그저 슬쩍 보았을 뿐인 작은 집에서 새어 나오는 여린 불빛의 느낌으로 말입니다.

내적인
아름다움

10

황금 사과와
파리스의 선택

▲ 〈황금 사과의 주인을 선택하는 파리스〉, 페테르 파울 루벤스, 1636년, 영국 내셔널갤러리 소장

불화의 여신 에리스의 황금 사과

그리스 로마 신화에는 올림포스산에서 열린 아이아코스 왕의 아들 펠레우스와 바다의 여신 테티스의 결혼식에 여러 신들과 인간들이 초대받았지만 초대받지 못한 불화의 여신 에리스가 '가장 아름다운 자에게'라는 글귀가 쓰인 황금 사과를 던지는 장면이 나옵니다. 이 황금 사과를 놓고 빼어난 미모를 자랑하는 세 여신 헤라와 아테나와 아프로디테가 다투다가 결론을 내리지 못하자 트로이의 왕 프리아모스의 아들로 당시 카즈산에서 양치기를 하고 있던 파리스에게 그 판결을 맡깁니다. 그런데 문제는 자기를 가장 아름다운 여신으로 뽑아 주는 대가로 헤라는 무소불위의 권력과 지상 최강의 왕국을 파리스에게 약속했고 아테나는 파리스에게 모든 전쟁에서 승리할 수 있는 끝없는 지혜를 약속했으며 아프로디테는 세상에서 가장 아름다운 여자와의 결혼을 파리스에게 약속했다는 점입니다. 번쩍이긴 하지만 그로 인해 불화를 일으키는 황금 사과를 놓고 말이지요.

파리스는 트로이 왕의 아들이었지만 무슨 연고로 인해 양을 치는 목동 일을 하고 있었는데 그렇다면 그는 한 나라의 왕자 신분으로 하층민이나 하던 목동 일을 하고 있었다는 얘기가 됩니다. 이야기가 좀 비약되는 느낌이지만 파리스라는 젊은이를 비록 신체적으로는 나이가 많이 들었지만 마음만은 젊은 할아버지 정도로 상상의 날개를 펼칠 수도 있을 것입니다. 하지만 이때 마음이 젊다는 얘기는 흔한 표현으로 순수함을 잃지 않은 젊은이의 마음이 아니라 맵고 신 인생의 경험을 충분히 겪고 나서 세상의 재물과 권력이 다 헛되고 쓸모도 없다는 사실을 절감하며 깨달은 그런 마음에 가까울 것입니다. 그래서 파리스는 지상 최고의 권력을 주겠다는 헤라의 선물도, 전쟁에서 늘 승리할 수 있는 권력으로서의 지혜도 모두 시시하게 느껴졌을지 모릅니다. 하지만 이 세상에서 가장 아름다운 여자와 결혼하게 해 주겠다는 아프로디테의 선물을 선택한 이유는 무엇이었을까요? 살아 온 세월 동안 예쁜 여자들도 많이 보았을 것이고 왕자 신분이라면 그 권력을 사용해서 예쁜 여자를 신붓감으로 삼을 수 있었을 테고 그래서 아프로디테의 선물도 시시하게 느껴져서 그로부터 선택받지 못한 두 여신의 복수를 받지 않기 위해 그 판정을 정중하게 거절할 수도 있었을 텐데 말이지요. 그런데 세상에서 가장 아름다운 여자를 '아름다운 삶'으로 바꿔서 생각해 보면 파리스의 선택에 수긍이 갈 수도 있을 것입니다.

저는 의도적으로 예쁨과 아름다움을 구분해서 사용하곤 합

▲ 신들의 여왕 헤라를 묘사한 2세기 고대 로마의 조각품, 프랑스 루브르박물관 소장

니다. 언제부턴가 많은 돈을 벌 수 있다는 이유만으로 의대생들이 가장 선호하는 과목인 성형외과가 성업 중인데 그로 인해 공주님 같은 예쁜 눈으로 성형 수술을 받는 여성들도 늘어났습니다. 하지만 아무리 손재주가 좋아서 그다지 예쁘지 않은 얼굴을 공주님 같은 얼굴로 바꿀 수 있는 성형외과 의사일지라도 그 얼굴에 짧지 않은 세월의 덮개가 입힌 아름다움을 심어 줄 수는 없습니다. 아름다움이란 비록 못생긴 여성일지라도 이런저런 힘들고 고단한 일을 애써 견디면서 살아온 장한 삶의 흔적이 얼굴에 배게 되면 여전히 예쁜 얼굴은 아니더라도 그 표정에서 아름다움을 찾아낼 수 있을 것입니다. 그래서 저는 오래전의 개인적 경험이긴 하지만 당대의 최고 미인이라고 불리던 어느 여자 탤런트에게서 예쁜 구석은 발견할 수 있었어도 그 얼굴 표정에서는 아름다움을 느낄 수 없었습니다. 그리고 아름다움은 주로 눈빛과 눈매에서 발견할 수 있다는 사실을 뒤늦게야 깨달을 수 있었는데 그 이유는 눈빛과 눈매에 이런저런 힘겨움에도 불구하고 견뎌온 삶에 대한 긍정을 발견할 수 있었기 때문입니다. 긍정이라고 하면 요즘같이 살기 힘들 때 어울리지도 않고 티브이만 켜도 억지 긍정으로 도배한 프로그램들이 넘쳐나기 때문에 고개를 절레절레 젓는 분도 계실지 모르는데요. 저는 긍정이란 좋은 게 좋은 거라는 식으로 구렁이 담 넘어가듯 어물쩍 넘길 수 있는 성질의 것이 아니라 슬픔과 절망과 분노와 우울 같이 견디기 힘든 감정들 그리고 그를 떠받치는 '그럼에도 불구하고 타락하지 않고서 잘 살아 내고 싶다.'라는 인간의 강한 욕구를 정직하게 인정하면서 견뎌 왔기 때문에 비로소 나타나게 되는 마음의 결이라고 생각합니다.

신화 속 파리스에게 헤라와 아테나 그리고 아프로디테는 자기를 가장 아름다운 여신으로 뽑아 주면 그에 합당한 엄청난 선물을 주겠다고 약속합니다. 당연히 제 눈으로 그 세 여신의 미모를 본 적이 없기 때문에 파리스가 어떤 척도로 세 여신의 미모를 저울질했을지는 모릅니다. 그런데 '평안감사도 제 하기 싫으면 그만'이라는 속담처럼 미의 기준은 저마다 다소 또는 상당히 다르기 때문에 파리스의 눈으로 본 세 여신의 미모는 객관적일 수밖에 없을 것입니다. 그리고 파리스는 자신의 주관적인 잣대로 빼어난 미모를 다투는 세 여신이 선물로 주겠다는 것을 저울질해 보았을지도 모릅니다. 다시 말해서 지상 최고의 권력과 전쟁에서 승리할 수 있는 지혜 모두 자신의 바깥에 존재하는 타인들의 부러움과 시기심을 자극하는 것들이겠지만 아름다움이 권력과 승리에 대한 기쁨은 점점 무뎌지더라도 내적인 아름다움만큼은 무뎌지기는커녕 점점 넓어지고 깊어지는 성질을 가지고 있기 때문에 파리스는 황금 사과가 아프로디테에게 돌아가야 마땅하다고 판단했을지 모릅니다. 어쩌면 지상 최고의 권력과 승리 사회적 성공를 위한 지혜에 대한 미련을 온전히 버리지 못해서 갈등하면서도 말이지요.

내적인 아름다움이란?

그런데 내적인 아름다움이란 어떤 것일까요? 저는 아직 젊은이일 때 나이 지긋한 어른들로부터 '사람의 나이가 마흔을 넘어서면 얼굴에 책임을 져야 한다.'라는 말을 종종 듣곤 했습니다. 물론 그 당시 저는 마흔 살이라는 나이에 이르지 못한 젊은이였기 때문에 그 표현이 절실하게 다가오지는 않았지만 무슨 뜻인지는 짐작할 수 있었습니다. 그 표현을 그 당시 제가 이해한 바로 풀어서 말씀드리자면 '사람의 나이가 마흔을 넘어서게 되면 그 사람의 얼굴 표정이 달라진다.'는 것이었습니다. 다시 말해서 억지를 써 가며 얼굴 표정과 말씨를 우아하게 포장하려 해도 그건 아주 짧은 순간 가능할 뿐 도로 자신의 정직한 얼굴 표정과 말씨로 돌아가게 되는데요. 더 정확하게 표현하자면 그렇게 얼굴 표정과 말씨를 한껏 포장해서 우아하게 만들더라도 그것이 원래 자연스러운 자신의 얼굴 표정과 말씨가 아니기 때문에 어색할 뿐만 아니라 때로는 구역질이 날 정도로 위선적으로 느껴지기도 합니다. 그래서 중년이 시작되는 나이 마흔을 넘기면 사람의 얼굴 표정, 달리 말해서 얼굴에서 배어 나오는 자연스러운 느낌이 사뭇 다를 수 있을 텐데요. 그건 마치 머리로 이해하긴 힘들지만 주로 느낌으로만 이해할 수 있는 한 폭의 추상화를 보는 듯이 그 사람이 그동안 어떻게 살아 왔는지를 막연하지만 뚜렷하게 느낄 수 있는 그런 성질의 것이라고 저는 생각합니다. 그것도 그 사람을 보지 못한 사람에게는 말로는 제대로 전달할 수 없는 그런 느낌으로 말이지요. 저는 앞에서 '매력'이라는 개념에 '다가가고 싶다.'는 표현을 덧붙였습니다. 그런데 다른 이성에게 다가가고 싶다는 마음이 드는 이유는 우선 성적인 매력 때문일 것입니다. 이런 말을 하면 좀 불쾌하실 분이 계실지는 모르지만 저는 개인적으로 성적인 매력에 부정적인 낙인을 찍고 싶은 마음이 전혀 없습니다. 아주 긴 세월 동안 사랑을 느끼면서 살려면 우선은 이성인 상대방에게 성적인 매력을 느껴야 하기 때문입니다. 그런데 우리는 무슨 이유로 결혼식을 올리면서 자기가 선택한 이성과 평생을 같이 살겠다고 엄숙히 선서하는 것일까요? 아주 오래전 이야기이지만 제가 지금의 아내와 결혼식을 올릴 때 주례 선생님이 길고 지루한 주례사를 말씀하실 동안 저는 머릿속으로 '과연 내가 바로 옆에 고개를 숙이고 서 있는 사랑스러운 내 여자를 평생 사랑하며 지킬 수 있을까? 검은 머리 파뿌리 될 때까지 사랑하고 아낀다고 선서한 결혼서약처럼 말이야.'라는 걱정을 하고 있었습니다. 그 당시야 제 아내에 대한 사랑이 전혀 거짓은 아니었지만 이제는 나이 지긋한 중년이 되어 제 결혼을 축하해 주러 온 아저씨, 아줌마들을 보면서 솔직히 자신이 없었기 때문이었습니다.

▲ 전쟁의 여신 아테나를 묘사한 기원전 1세기 고대 로마의 조각품, 프랑스 루브르박물관 소장

저는 일을 하면서 FM 라디오에 나오는 대중가요를 듣곤 합니다. 요즘 트로트 음악이 대중의 사랑을 많이 받는데 굳이 트로트 음악이 아니더라도 사랑을 주제로 한 대중가요들이 온종일 라디오에서 나옵니다. 그런데 그 대중가요를 크게 두 부류로 분류하면 하나는 간도 빼 줄 것 같이 몽환적인 달콤한 사랑에 빠져서 행복해 죽겠다는 노래와 나를 버리고 가시는 님은 십 리도 못 가서 발병 난다는 식으로 사랑했던 사람과의 고통스러운 이별에 대한 상처인 깊은 슬픔과 절망감을 토로하는 노래로 나뉩니다. 바보 같은 질문이겠지만 사랑이 왜 이런 극과 극의 상태로 대비되는 것일까요? 그에 대한 이유를 논하기 전에 사랑에 대해 말하자면 지루한 주례사를 끝으로 웨딩마치에 맞추어서 발걸음을 옮기기 전까지 두 사람은 마치 고단한 현실을 잊은 듯한 달콤한 사랑을 나눕니다. 아니 더 정확하게 표현하자면 직장생활이든 학교생활이든 그로부터 받은 적지 않은 스트레스를 다 풀어 버릴 수 있는 이성을 만나고 싶은 마음 때문에 데이트를 하기도 할 것입니다.

그런데 데이트란 자기 자동차로 연인과 함께 드라이브하거나 멋진 레스토랑에서 값이 제법 나가는 근사한 와인을 곁들여서 맛있는 음식을 먹는다거나 사람들이 몰리는 영화를 둘이 팝콘을 먹으면서 보거나 하는 성질의 것입니다. 게다가 사랑하는 연인이 그런 데이트를 하고 나서 각자의 집으로 돌아가기 때문에 일상의 민낯을 잠시 잊을 수 있어서 행복해할 수는 있지요. 하지만 결혼을 하게 되면 고단하고 누추한 일상에 맞닥뜨리며 같이 살아야 하기 때문에 결혼 전 달콤하기만 했던 데이트와는 삶의 모습이 많이 다를 것입니다. 게다가 매일같이 이른 아침에 잠에서 깨어나 얼굴을 맞대야 하는 배우자와 자기 자신은 피 한 방울 섞이지 않은 다른 사람, 즉 타인이기 때문에 남에게 말하기 창피할 정도로 사소한 일로 다투게 되기도 합니다. 이를테면 "나는 이런 반찬은 싫은데.", "치약을 짤 때는 아래부터 짜야 하는 거야."라든가 "기껏 고른 옷이 왜 그렇게 촌스러워." 또는 아이가 생기면 "아, 짜증 나. 애 좀 울리지 마, 빨리 재우던가." 하는 사소한 말로 서로에게 마음의 상처를 주기도 합니다. 그리고 제법 긴 연애 생활을 한다면 이런 파국적인 사건은 데이트를 할 때도 일어날 수 있는데 흔한 표현으로 서로 의견이, 더 정확히 말해서 서로 취향이 맞지 않아서 파국으로 치닫게 되기도 합니다.

남편 또는 아내라는
타인과 살아가기

저는 위에서 사랑하는 두 연인이 서로 타인인 점을 암시적으로 말씀드렸습니다. 그건 아무리 지극히 사랑하는 사람이더라도 만나기 전까지 다른 삶을 살아왔을 뿐 아니라 서로 개인적인 취향이나 관심사가 다른 사람이라는 점을 가리킵니다. 흔히 부부는 공통의 지향점을 바라보면서 살아야 한다고 쉽게 말하지만 서로 취향과 관심사가 다르고 자라온 환경도 다른 두 사람이 같은 지향점을 바라보면서 살아야 한다는 말은 따지고 보면 무척이나 잔인할 뿐만 아니라 현실성이라곤 찾을 수 없는 공허한 표현입니다. 불행해지기 위해서 결혼하는 사람은 아무도 없을 것입니다. 그렇다면 서로 자라 온 환경이 다른 사람과 어떻게 하면 별문제 없이 같이 살 수 있을까요? 그 첫걸음은 서로 사귀면서 천천히 알게 된 서로의 차이점부터 정직하게 인정하는 것이라고 저는 생각합니다. 사실 사귀고 있는 이성이 나와 똑같은 취향과 관심사를 가지고 있다고 생각하는 사람은 없을 것입니다. 그리고 사귀는 이성이 나와 똑

같은 취향과 관심사를 가지고 있다고 상상해 보면 순간적으로 얼핏 행복하고 흐뭇해질지는 모르겠지만 이내 상대방에 대한 호기심과 관심이 담배 연기처럼 사라져서 상대방이 시시해지고 그에 관한 관심도 멀어지는 불쾌한 느낌을 받을 수 있습니다. 문제는 둘이 같이 있을 때 어떤 선택을 내려야 하는 경우일 것입니다. 다시 말해서 나는 이렇게 하고 싶은데 상대방은 나와는 다른 것을 원하는 경우이겠지요. 제가 독일에서 아르바이트로 여행 가이드를 할 때 간접적으로 경험한 일을 하나의 예로 들자면 양가 부모님 몰래 둘이 여행을 온 것 같은 커플이 행복에 취해 같이 명소를 둘러보고 난 뒤 배가 출출해져서 점심밥을 먹으려고 했는데 남자는 이것을, 여자는 저것을 먹고 싶다고 했고 그로 인해 다툼이 일어나서 한국으로 돌아갈 때는 서로 다른 비행기 표를 끊어서 돌아갔다는 얘기를 들은 적이 있습니다. 이런 경우에 타협을 보면 좋겠지만 그건 누구 한 사람이 양보를 하지 않는 한 해결될 수 없는 종류의 문제입니다.

지금은 원로 가수쯤으로 대접받는 왕년의 유명한 록 가수인 김종서 씨는 〈아름다운 구속〉이라는 노래를 불러서 유명해지기도 했는데 그 노래에는 나와 다른 타인인 이성을 만나서 이런 저런 '구속'을 경험하지만 그래도 행복하다는 느낌을 주는 노랫말이 들어있습니다. 사실 이런 구속은 비단 사귀는 이성과의 문제가 아니라 나와 관계를 맺고 있는 친구나 동료와의 관계에서도 생길 수 있습니다. 이때 구속이란 다른 말로 내가 이렇게 하고 싶지만 상대방은 나와 다른 선택을 하고 싶어한다는 사실을 인정하면서 때로는 나의 선택을 포기하거나 미루는 행동을 가

▲ 사랑과 미의 여신 아프로디테를 묘사한 1세기경 고대 로마의 프레스코

리킵니다. 하지만 당연히 이런 구속은 한 사람에게만 적용되는 것이 아니라 양쪽 모두에게 해당되어야 합니다. 이는 갈등을 피하고자 하는 선택이지만 한쪽 상대방에게 질질 끌려가는 것과는 질적으로 다르기 때문이고 잘못하면 호구로 낙인찍힐 위험도 있기 때문입니다.

이제는 오래전 표현이 되어 버렸지만 예전에는 '호구'라는 말이 자주 쓰였습니다. 이 말은 '만만한 존재', '내 멋대로 다루어도 상관없는 존재' 또는 '불편하고 귀찮은 일을 떠맡겨도 내게 불이익을 끼칠 수 없는 존재' 등의 불쾌한 표현으로 달리 표현할 수 있을 텐데 이런 사회적 대접을 받기 원하는 사람은 아무도 없을 것입니다. 하지만 구차한 현실 속에서는 이런 불쾌한 사회적 대접을 받는 사람들도 있는데 그 이유는 부당한 요구를 하는 상대방에게 따지고 항의하다가는 그 사람과의 원만한 ? 관계가 깨질 것을 두려워해서 속으로는 분하고 억울해도 겉으로는 고분고분 그 부당한 지시나 명령을 계속해서 따르기 때문일 것입니다. 하지만 냉정히 말해서 그 관계는 너무 한쪽으로 치우친 부당한 일방적인 관계이기 때문에 '원만한 관계'라고 표현할 수 없을 것입니다. 뒤에 언급하겠지만 서로 간의 관계가 갑을의 상태로 한쪽은 일방적으로 명령과 지시를 내리고 다른 한쪽은 관계가 서먹해지거나 깨질까 봐 또는 불이익을 당할까 봐 울며 겨자 먹기 식으로 고분고분 그 명령과 지시를 따르는 것과 상대방을 타인으로 인정하면서 사랑하기 때문에 그로 인한 구속을 기꺼이 받아들이는 태도는 질적으로 많이 다릅니다.

고단한
삶의 미학

그런데 〈아름다운 구속〉의 노랫말을 모르는 어떤 분은 그 노래의 제목이 말이 안 된다고 여기실 수도 있을 텐데 이를 철학적 표현으로 바꾸면 '형용모순'이 됩니다. 이때 형용모순이란 언어로는 표현할 수 있지만 현실 세계 속에서는 그런 현상이 나타날 수 없다는 점을 가리킵니다. 이에 대한 설명을 드리기 위해서 제가 논문의 주제로 다룬 심리학 이론을 사용하자면 우리는 어렸을 때 동화나 만화영화를 보면서 현실 속에서는 일어날 수 없는 현상들을 상상으로 경험할 뿐만 아니라 어리기 때문에 경험을 통해 아직 깨닫지 못하는 현상들을 간접적으로만 경험합니다. 그런데 키가 크고 나이가 들어가면서 바깥세상을 경험하게 되면 어릴 적에 동화나 만화영화를 통해서 본 참 흐뭇했던 현상들이 현실 속에서는 이루어질 수 없다는 주관적인 확신에 이르게 되기도 합니다. 이런 현상을 심리학적으로는 발견적heuristic 인식 방법이라고 합니다. 즉 이전에 '~ 할 것이다.' 또는 '~하면 좋겠다.'라고 생각한 현상이 자신의 제한된 주관적인 직접적 또는 간접적인 경험을 통해 부정되고 그에 따라서 '흥, 그게 말이 돼? 웃기지 마. 그건 동화나 만화영화 속에서나 가능한 일이라고.'라며 냉소적으로 코웃음을 치게 될 수 있습니다. 그런데 거꾸로 아주 젊었을 때 간접적으로 접한 부정적인 현상에 대한 두려운 기대, 즉 '~게 되면 어떡해?' 또는 '~게 되지 않으면 좋겠지만 그렇게 될까?'라는 불안한 의혹을 품은 사람이 나이가 들어가면서 모질고 누추한 현실 속에서 '그래도, 그럼에도 불구하고 나는 나 자신의 삶을 망치고 싶지 않다.'라는 강한 욕구 때문에 힘겹게 그 고단하고 힘겨운 현실에 맞서 온 결과 남의 말이 아니라 자신의 직접적인 경험을 통해 '젊을 때 가졌던 불안하기 짝이 없던 두려운 현상이 피할 수 없는 결정론적인 인과 관계를 맺고 있는 것은 아니구나.'라는 점을 확인하면서 안도의 한숨을 내쉴 수 있고 이는 남이 뭐라고 하던 자신의 주관적인 확신이나 신념으로 변할 수 있습니다.

저는 방금 '그럼에도 불구하고'라는 표현을 썼습니다. 이 표현은 앞에 누추하고 짜증나고 고단해서 피하고 싶은 싫은 현상이 있음부터 인정한다는 전제가 존재해야 합니다. 그러고 나서 '그럼에도 불구하고'라는 표현과 어울리는 현상도 있음을 말해야 하는데 그건 다름 아니라 의지에 바탕을 둔 인간적 태도일 것입니다. 이 표현에 대한 반대의 예를 들자면 고단하고 짜증나서 싫다는 마음과 다 포기하고 싶고 내려놓고 싶고 그냥저냥 살고 싶다는 표현이 연결되려면 '그럼에도 불구하고'가 아니라 '그래서'로 연결되어야 합니다. 이를 추상적인 개념으로 표현하

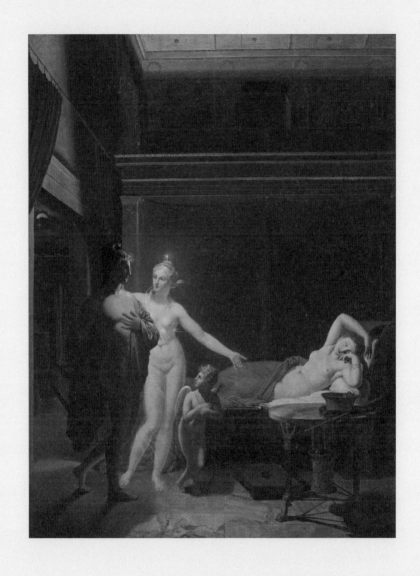

▲ 〈파리스에게 헬레네를 소개하는 아프로디테〉, 조제프 프랑수아 뒤크, 1806년, 벨기에 그뢰닝게미술관 소장

자면 절망적인 '체념'이 될 것입니다. 그런데 이때 조심해야 할 점은 도 아니면 모 식의 이분법적 사고입니다. 즉 그 이분법적 사고방식은 '의지로 당당히 그리고 완벽하게 맞선다.'와 '다 포기하고 내려놓겠다.'라는 것으로 칼 같이 나뉠 수 있는데 이것이야말로 현실계에서는 그 생각과 마음을 현실로 옮길 수 없는 허구적인 성질의 것입니다. 왜냐하면 인간은 생각, 즉 상상으로야 못할 것이 거의 없겠지만 그 흐뭇한 상상을 현실로 옮길 수 없는 경우도 생기기 때문입니다. 그래서 저는 '의지' 앞에 '인간적'이라는 표현을 반드시 덧붙이고 싶습니다. 인간적인 한계와 떼려야 뗄 수 없는 관계를 맺고 있는 인간적 의지를 표현하고 싶어서 말입니다. 이를 다시 말하자면 인간적인 의지란 우선 인간적인 한계를 정직하게 인정하면서 그를 바탕으로 자신이 처한 상황 속에서 한낱 인간으로서 실천할 수 있는 현실적인 방법을 찾아보려는 의지라고 저는 생각하기 때문입니다.

그렇게 한계를 인정하는 인간적인 의지에 바탕을 둔 자세야말로 제대로 된 긍정적 자세일 것입니다. 다시 말해서 얼굴에 나타나는 표정은 '그럼에도 불구하고' 여전히 고되며 가끔은 우연히 소소한 행복과 마주치게 될 거라는 소박한 기대도 포함된 삶의 긴 여정을 긍정하지만 자연스러운 슬픔도 감추지 않는, 어둠이 깃든 밝은 표정일 것입니다. 그리고 중요한 점은 어떤 원치 않는 우연이 미래에 닥칠지도 모른다는 두려움을 정직하게 인정하면서 그럼에도 불구하고 필요하다면 마주친 그 우연에서 도망치지 않고 맞서 보려는 각오를 단단히 하는 그런 긍정적인 태도일 것입니다. 그러려면 고되고 힘겨운 일상 속에서 별로 특별할 것도 없는 여린 희망을 찾아보아야 할 것입니다. 설사 남들이 시시해 하더라도 누구에게 보여주기 위해서가 아니라 나만이 느낄 수 있는 여린 희망 말이지요. 그리고 그건 어두움 속에서 전등을 들고 무엇인가 중요한 것을 찾는 듯한 느낌일 것입니다.

그것을 달리 표현하면 '인간적인, 너무도 인간적인 불안한 희망'일 것입니다. 그리고 그건 남들이야 어찌 되건 근시안적으로 자기 이익만을 챙기려고 하는 어이없는 악성의 이기주의와는 달리 자신을 전체적으로 고려하면서, 즉 저절로 드는 걱정이나 염려, 불안과 고민 그리고 분노와 무력감 게다가 자연스럽게 찾아오는 우울함마저 정직하게 인정하면서도 여린 희망이라는 불안한 삶의 끈을 놓지 않으려고 애쓰는 인간적인 의지일 것입니다. 그럼에도 불구하고 내 뜻과는 다른 결과가 나타날 수도 있다는 불길한 가능성마저 힘겹게 고개를 끄덕이는 그런 인간적인, 너무도 인간적인 의지 말이지요. 그렇게 삶의 고단한 측면을 힘겹게 인정할 때 비로소 그 측면은 긍정적인 측면과 질적으로 연결되어서 고단하지만 그래도 살아갈 수 있다는 정신적 심리적인 긍정의 힘을 바탕으로 몸에서 힘을 낼 수 있습니다. 그 이유는 어릴 적 불 주사라고도 불리었던 예방 주사를 맞기 위해 긴 줄을 섰을 때 주사를 맞으면 아플 것이라는 사실을 정직하게 인정하면서도 맞지 않았다간 전염병에 걸릴 위험이 커진다는 또 다른 사실 때문에 눈 질끈 감고 차례가 되기를 기다리다가 정작 주사를 맞아 보니까 잠깐 따끔하고 말아서 생각보다 덜 아프다는 걸 깨닫게 된 일과 많이 다르지 않아 보입니다. 이를 달리 표현하면 어떤 불이익을 초래할지도 모르는 위험을 예상하면서 이 악물고 각오한 뒤 이에 맞섰더니 생각보다 그다지 큰 위험이 아니었다는 경험과도 비슷할 텐데요. 오해를 피하기 위해서 덧붙이자면 초래될지도 모르는 위험에 맞서기 위해서 이를 악물기 전에 과연 그런 위험이 존재할 확률이 얼마나 높을지 개연성부터 따져 보게 될 텐데 그게 가능한 이유는 초래될지도 모르는 위험의 존재를 정직하게 인정하기 때문일 것입니다. 그래서 맞서기에는 그 위험이 초래될 개연성이 높고 치명적이라면 그 위험에 맞서서 얻게 될지도 모르는 달콤한 사과에 여전히 침이 흐르더라도 '그 사과에는 독이 들어있을 위험성이 높다.'라는 위험을 이미 자각했기에 군침을 다시면서 고개를 돌려버리는 인간적인 의지가 필요해 보입니다.

삶의 인간적인
아름다움

　　　그래서 나이 지긋한 어른들은 삶을
굴곡지고 비탈진 좁은 길로 표현하는지도 모릅니다. 다만 미래
를 내다보는 인식의 한계로 인해서 물질적인 이득을 줄 수 있
었던 기회가 과거로 흘러가 버린 실패의 경험은 그 실패를 자
신이 경험한 실패로서 정직하게 인정한다면 그 실패는 비록 물
질적인 이득을 가져다줄 수는 없을지라도 고스란히 마음에 남
아 '아름다운 지혜'라는 이름으로 불릴 수 있는 정신적인 자산
으로 변할 수 있을 것입니다. 왜냐하면 우리는 모두 원치 않게
실수도 하고 실패도 하는, 일정한 한계를 지닌 사람일 뿐이니
까요. 그리고 경험을 통해, 그것도 때론 쓰린 경험을 통해서 천
천히 그리고 가끔은 자신도 모르게 성장할 수 있는 아름다움
의 씨앗도 갖추고 있는 그런 인간적 존재이니까 말이지요. 그리
고 그 씨앗은 스스로, 때로는 남의 작은 도움도 받아가면서 힘
겹게 키워 내야 하는 성질을 가진 것이겠지요. 자연이 우리에
게 키우라고 준, 성장의 가능성을 지닌 씨앗을 때로는 쓸쓸하고

때로는 우울하기도 한 이런저런 경험들을 통해서 말입니다. 그렇게 살아 보려고 할 때 독일의 유명한 철학자인 쇼펜하우어의 '설사 사람이 이런저런 모든 고통에서 벗어나더라도 그 뒤에 기다리고 있는 것은 권태로움과 무의미일 뿐이니 산다는 것은 손해를 보는 것이다.'라는 글이 적지 않은 젊은이들을 자살로 내몬 염세주의적인 세계관과 가치관으로부터 벗어날 수 있을 것입니다. 달리 말하자면 인간이 원치 않게 저지르곤 하는 실수도 실패도 인정하지 않고서 그 '인간적인' 약점을 모두 초월하려는 헛된 욕망에 사로잡힌 망상의 깊은 꿈에서 벗어난 뒤 찾아올지도 모르는 인간의 한계에 대한 초라함을 정직하게 인정할 때 비로소 스스로를 어쩔 수 없는 인간적인 한계를 지닌 존재로 마주 볼 수 있게 되고 그렇게 할 때 비로소 자신의 곁에 있으면서 자신과 마찬가지로 인간으로서 느끼며 욕구하는 타인의 마음도 정직하게 인정할 수 있게 될 것입니다. 머리로만 생각하면서 무덤덤하게 인정하는 것이 아니라 때론 실망이나 짜증이나 분노 같은 감정도 느끼는 마음을 통해서 말이지요.

그렇게 우리가 인간적인 한계와 함께 살아가기 위해서 자연이 골고루 선물한 '다름', 때로는 갈등과 불화를 초래할 수도 있는 다름을 인정할 때 비로소 인간은 헛헛하기 짝이 없는 '천상의 사랑'이 아니라 때로는 힘겨운 인간적인 사랑을 느낄 수 있을 것입니다. 그런 인간적인 사랑이란 끝도 없는 기대에 부풀어서 몽환적인 사랑을 하다가 낮잠에서 깨어난 듯이 실망과 배신감 그리고 분노를 일으키는 그런 한순간의 사랑이 아니라 나와 함께 상대방도 어쩔 수 없는 인간적인 한계를 지닌 '인간적인'

존재로 인정하면서도 여전히 사랑하는 성질의 것이라고 저는 생각합니다. 제가 좋아하고 존경하기까지 하는 독일의 정신 분석학자 에리히 프롬이 쓴 책의 제목을 빌어서 말하자면 그 사랑이란 '환상의 사슬 너머'에 존재하는 그런 사랑일 것입니다. 하지만 그런 사랑이 실제로 존재하려면 어쩔 수 없는 인간의 한계를 인정해야 할 텐데 다시 말씀드리자면 원치 않게 실수나 실패를 거듭하면서 천천히 헛된 기대에서 깨어나긴 하지만 여전히 삶을 긍정하는 삶의 과정이 필요할 것입니다. 글의 끝을 제가 많이 좋아하는 가수 김민기 씨의 노랫말로 대신하면 '이 세상 아무 데도 없어요, 정말 없어요. 살며시 두 눈 떠 봐요. 밤 하늘 바라봐요. 어두운 넓은 세상, 반짝이는 작은 별' 같이 삶이 몹시 어둡고 힘겨워도 절대로 제멋대로 없애 버릴 수 없는 여리게 빛나는 마음속 희망을 때론 힘겨워도 그와 밀접한 관계를 맺고 있는 인간적인 불안과 함께 정직하게 인정한다면 삶은 여전히 고단하더라도 예전보다 조금은 더, 아니 어쩌면 때론 훨씬 더 견디기 쉬워질 것이라고 저는 생각합니다.